CHICU+CHICU 5/31
山中とみこの大人のふだん着

文化出版局

「CHICU+CHICU 5/31」（ちくちくさんじゅういちぶんのご）は、私、山中とみこが主宰する大人のふだん着のレーベル。2003年にスタートし、現在は埼玉県所沢市にあるギャラリー＆ショップ「山中倉庫。。」を拠点に活動しています。

本書でご紹介するのは、ブラウス、パンツ、ベスト、ワンピースなど、定番から新作まで全21点。アイテムどうしを組み合わせてコーディネートできるよう、丈のバランスやシルエットにもこだわってデザインしました。

同じアイテムでも着る人が変わればコーディネートの幅は無限に広がります。それぞれの好みに合わせて素材や色を変えながら、自分らしい着こなしをぜひ見つけてください。

CONTENTS

1

ノーカラーブラウス

動きやすいよう肩回りにゆとりを持たせ、袖は家事のじゃまにならない7分丈に。どんなアイテムにも合わせやすい、シンプルな形のブラウスです。

PHOTO — p.8-11, 16, 20-25, 28-29
HOW TO MAKE — p.36

2A

BACK

後ろボタンショートベスト

3つ並んだボタンがトレードマークのベストは、着こなしのワンポイントに欠かせない定番アイテム。素材違いでいくつも作って、コーディネートを楽しんで。

PHOTO — 2A / p.9, 11, 29
　　　　　　2B / p.15
HOW TO MAKE — p.40

2B

BACK

BACK

3

後ろボタンロングベスト

2のベストのロングバージョン。程よい光沢となめらかな質感のコットンシルクで軽やかに。グレイッシュピンクなら、甘くなりすぎずシックな印象に。

PHOTO — p.20-21
HOW TO MAKE — p.40

4A

BACK

後ろあきワンピース＆ブラウス

前後どちらを前にしても着られる丈違い
のワンピース＆ブラウスは、重ね着のア
クセントにもってこい。使う生地によっ
てシルエットが変わるので、生地を選ぶ
際は風合いや素材感にもこだわって。

PHOTO ⟶ 4A / p.22-23, 28
　　　　　　4B / p.13, 19, 28
HOW TO MAKE ⟶ 4A / p.44
　　　　　　　　　4B / p.47

4B

BACK

5

へちま衿ブラウス

クラシカルな印象のブラウスに遊び心を
添えたくて、リバティプリントに初挑戦。
ドットのようにも見えるシックな雰囲気
の花柄で、甘さ控えめに仕立てました。

PHOTO ⟶ p.18
HOW TO MAKE ⟶ p.48

6

へちま衿ジャケット

5のブラウスをジャケットにアレンジ。
中のトップスがチラリと見えるよう、前
端の裾をまるく仕上げました。風合いの
あるリネンツイルを選ぶのもポイント。

PHOTO ⟶ p.25
HOW TO MAKE ⟶ p.50

7A

7B

バルーンパンツ

ふんわりシルエットのバルーンパンツで
着こなしに変化球を。タナローンやワッ
シャー加工のコットンで軽やかに。**4B**
や **5** のブラウスとセットアップにしても。

PHOTO ⟶ **7A** / p.12-13, 18, 28
7B / p.19
HOW TO MAKE ⟶ **p.53**

8A

8B

サルエルパンツ

ワンピースやロングベストに合わせたい
細身のサルエルパンツ。膝から裾に向か
って緩やかに絞ったデザインは、足もと
をすっきり見せ、全体の引締め役に。

PHOTO ⟶ **8A** / p.16-17, 22-23, 28
8B / p.20-21
HOW TO MAKE ⟶ **p.55**

9A

9B

前ポケットパンツ

「チクチクパンツ」として知られるレーベ
ル初期からの定番。前パンツの切替え部
分がポケットに。**A** は細コール、**B** はチノ
クロスを使用。素材違いで持っていると、
コーディネートの幅が広がります。

PHOTO ⟶ **9A** / p.8-9
9B / p.14-15, 24-25
HOW TO MAKE ⟶ **p.58**

10A

10B

前ボタンオーバーシャツ&ワンピース

スタンドカラーにダブルボタン、前後の
ヨーク切替えなど、ディテールにこだわ
りました。程よくゆとりを持たせたデザ
インだから、1枚でさらりと着ても決
まります。**B**はコートとしてはおっても。

PHOTO —— 10A / p.12-15, 19
　　　　　　10B / p.16-17, 26-27, 29
HOW TO MAKE —— 10A / p.63
　　　　　　　　　 10B / p.66

11

巻きスカート風ギャザースカート

カフェオレ色の軽やかなストライプにホ
ワイトコットンを重ねて2枚仕立てに。
ウエストゴムでもすっきり見えるよう、
ベルト部分にほんの少し赤を効かせて。

PHOTO —— p.10-11, 29
HOW TO MAKE —— p.60

12A

12B

帽子

短めのつばとエスカルゴのようなシルエ
ットの帽子。**A**は細コール、**B**はチノク
ロスを使用。ベストやパンツと共布で作
ると、コーディネートがしやすいです。

PHOTO —— 12A / p.13
　　　　　　12B / p.25
HOW TO MAKE —— p.68

13A

ショルダーバッグ

あと少しアクセントが欲しいときに、着
こなしに彩りを添えてくれるバッグ。持
ち手の両端が内ポケットになっているの
で、とっても重宝。

PHOTO —— 13A / p.23
　　　　　　13B / p.27
HOW TO MAKE —— p.70

13B

MY COORDINATES —— p.28
MY CLOSET —— p.30
FROM ATELIER —— p.32
HOW TO MAKE —— p.33

1
9A

1 ノーカラーブラウス　　9A 前ポケットパンツ
着る人の年齢を選ばないオールマイティな組合せ。7分袖にアームウォーマーをプラスするのもおすすめです。

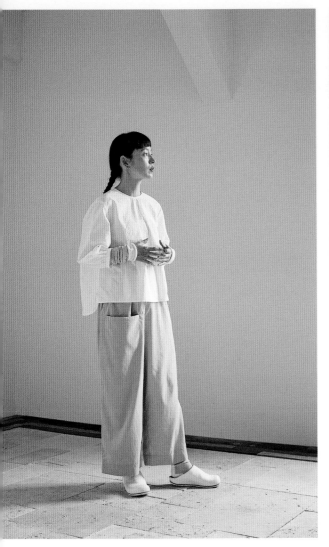

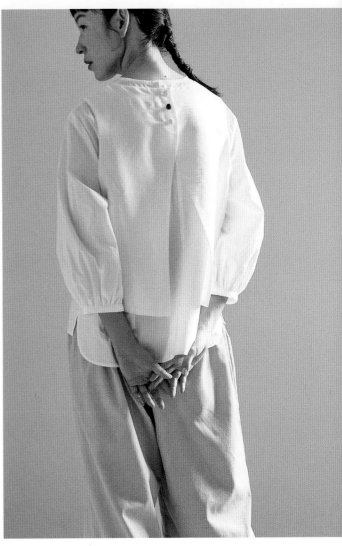

1 ノーカラーブラウス　　2A 後ろボタンショートベスト　　9A 前ポケットパンツ

p.8にコットンシルクのベストを重ねて。表情にニュアンスのあるアイテムを添えると、ひと味違った雰囲気が楽しめます。

1
11

1 ノーカラーブラウス　　11 巻きスカート風ギャザースカート
ウエストに赤を効かせたヨーク切替えのスカートには、シンプルなブラウスを合わせて。ソックスなどの小物使いで遊び心をプラス。

1　2A
11

1 ノーカラーブラウス　　**2A** 後ろボタンショートベスト　　**11** 巻きスカート風ギャザースカート

p.10のコーディネートに**2A**のベストを重ねてみました。ブラウスの裾を出して着ると、ちょうどいいバランスに。

7A
10A

7A バルーンパンツ　　10A 前ボタンオーバーシャツ
ユニセックスなオーバーシャツに、やさしいシルエットのバルーンパンツを合わせて。鮮やかなブルーはそれだけで様になります。

4B 10A
7A 12A

4B 後ろあきブラウス　　**7A** バルーンパンツ　　**10A** 前ボタンオーバーシャツ　　**12A** 帽子

4Bのブラウスと**7A**のパンツをセットアップで。シャツの裾を出してレイヤーコーデを楽しんで。帽子が全体の引締め役に。

9B
10A

9B 前ポケットパンツ　　10A 前ボタンオーバーシャツ
コックコートを思わせる、マニッシュな雰囲気のオーバーサイズシャツ。9Bのパンツを合わせて、潔くシンプルに着こなして。

2B 10A
9B

2B 後ろボタンショートベスト　　**9B 前ポケットパンツ**　　**10A 前ボタンオーバーシャツ**
p.14に**2B**のベストを合わせれば、ちょっぴりガーリッシュに。白×ブラウンのグラデーションでまとめるのが色合せのコツ。

1 ノーカラーブラウス   8A サルエルパンツ   10B 前ボタンワンピース
コーディネート次第で何通りにも着まわしがきくワンピース。コート感覚ではおればマニッシュな着こなしが楽しめます。

8A
10B

8A サルエルパンツ　　10B 前ボタンワンピース
p.16のボタンをとめたところ。細身のパンツで足もとをすっきりまとめると、スタイリッシュな印象に。

5
7A

5 へちま衿ブラウス　　7A バルーンパンツ

へちま衿ブラウスは甘さ控えめにするのが柄選びのコツ。上下を同系色でまとめるときは、足もとにポイントカラーを。

4B 10A
7B

19

4B 後ろあきブラウス　　7B バルーンパンツ　　10A 前ボタンオーバーシャツ
p.13のバルーンパンツを7Bにチェンジ。柄物をさりげなく取り入れて、いつものスタイルにちょっぴり変化を。

1 8B
3

1 ノーカラーブラウス　　**3** 後ろボタンロングベスト　　**8B** サルエルパンツ

グレイッシュピンクのロングベストをパンツスタイルのアクセントに。アクセサリーはあえておもちゃっぽいものを。

1　8A
4A

1 ノーカラーブラウス　　4A 後ろあきワンピース　　8A サルエルパンツ
後ろあきワンピースには大人っぽい花柄の刺しゅう生地を使用。細身のサルエルパンツを合わせると洗練された印象に。

HOW TO MAKE ⟶ 1 (p.36) ,4A (p.44) , 8A (p.55) , 13A (p.70)

1   8A
4A   13A

1 ノーカラーブラウス　　**4A** 後ろあきワンピース　　**8A** サルエルパンツ　　**13A** ショルダーバッグ
p.22に帽子とショルダーバッグをプラス。メンズライクな小物選びで甘さを抑えるのが、バランスよく着こなすコツ。

1 ノーカラーブラウス　　9B 前ポケットパンツ
シーンを問わず、一年中楽しめる組合せ。シンプルなデザインだからこそ、生地選びにはとことんこだわって。

HOW TO MAKE ⟶ 1 (p.36) , 6 (p.50) , 9B (p.58) , 12B (p.68)

1 9B
6 12B

1 ノーカラーブラウス　　6 へちま衿ジャケット　　9B 前ポケットパンツ　　12B 帽子

p.24にジャケットと帽子をプラスすれば、カジュアルなお出かけファッションに。帽子とパンツはおそろいで製作しました。

10B
13B

10B 前ボタンワンピース　　13B ショルダーバッグ
10Bのワンピースは１枚でさらりと着るのもおすすめ。グリーンのバッグを斜めがけにして、着こなしのアクセントに。

MY COORDINATES

「CHICU+CHICU 5/31」の服はすべてフリーサイズ。身長やスタイルは違っても、重ね着や小物使いなど "自分らしさ" を加えることで、着る人が主役になれる——そんなものづくりを目指しています。身長150cmの私と165cmのKIKIさんとでは15cmも差がありますが、それほど違和感はないのではないでしょうか？　丈感やシルエットの見え方などを参考にしながら、自分に似合うコーディネートをぜひ見つけてください。

1　7A
4B

4A
8A

1　ノーカラーブラウス
4B 後ろあきブラウス
7A バルーンパンツ

後ろあきブラウスとバルーンパンツは、セットアップで着られるようにデザインしました。ブラウスの裾を出し、白い帽子や靴を合わせることで、全体のバランスが整います。差し色にグリーンのソックスを添えるのもポイントです。

4A 後ろあきワンピース
8A サルエルパンツ

アトリエコートのように重ね着を楽しみたい、後ろあきのワンピース。自分ではめったに着ない花柄を今回、初めて取り入れました。甘くなりすぎないようにシックな色を選び、細身のパンツを合わせて。足もとは黒でまとめてすっきりと。

HOW TO MAKE ⟶ 1 (p.36) , 2A (p.40) , 4A (p.44) , 4B (p.47) , 7A (p.53) , 8A (p.55) , 10B (p.66) , 11 (p.60)

10B

1　11
2A

10B 前ボタンワンピース

前ボタンのワンピースはそのまま着て
OKですが、袖をロールアップすること
で、こなれ感がアップします。指輪とバ
ッグをリンクさせ、小物で遊び心をプラ
ス。グリーンと黒は相性がいいので、ワ
ンポイントにぜひ取り入れてみて。

1　ノーカラーブラウス
2A 後ろボタンショートベスト
11 巻きスカート風ギャザースカート

定番の巻きスカートを簡単に作れるよう
に再構築。太めのストライプが縦のライ
ンを引き立てます。白いブラウスとベス
トを合わせ、赤いソックスをアクセント
に。かわいくなりすぎないよう、中折れ
ハットを合わせて外します。

29

MY CLOSET

押し入れの中板を外し、クロゼットに改装。さまざまな変遷を経て、今は
この場所に衣類を一括収納しています。オープン収納でもごちゃついて見
えないのは、色の好みがはっきりしているから。色別に並べておけば、着
たい服がさっと取り出せます。奥の棚には、帽子を収納。コーディネート
に欠かせないアクセサリーは、作家ものやおもちゃのようにどこか遊び心
のあるものを選んで。赤いネイルをひと塗りするのもお気に入りです。

FROM ATELIER

以前は住まいのそばに「作業所」を構えていましたが、茅ヶ崎での2拠点生活を機に、「山中倉庫。。」の2階へお引越し。少し手狭にはなりましたが、ラクに移動できるようになったぶん、在庫管理がしやすくなりました。縫製を工場に移行した今では、古い布を使った一点物の作品を主に製作しています。もとは押し入れだった部分をディスプレイコーナーに変え、お気に入りの古道具を並べてモチベーションアップ。裁縫道具の収納にも古道具を活用しています。

HOW TO MAKE

[サイズについて]

・作品はすべてフリーサイズ（M〜LLくらいのかたに対応）です。各作品の作り方
ページに出来上り寸法を記載していますので、参考にしてください。

・モデルのKIKIさんは身長165cm、山中とみこさんは身長150cmです。それぞれの
着用写真も併せてご参照ください。

[作り方の表記について]

・作り方解説中の数字の単位はcmです。

・実物大パターンには縫い代が含まれています。34ページを参照して縫い代つきの
パターンを作りましょう。バイアス布はパターンがありませんので、35ページを
参照して必要な長さを用意しましょう。

・裁合せ図は使用する生地の幅によって異なる場合があります。すべてのパーツが入
ることを確認してから布を裁断してください。

・材料はあくまでも目安です。使用する生地の幅や柄合せの有無によって用尺が変わ
りますのでご注意ください。

・材料に表記してあるゴムの寸法は目安です。ご自身に合わせて調整してください。
また、p.53、55、58のパンツについて、1.2cm幅の平ゴム（ハードタイプ）が手
に入らない場合は、1cm幅の平ゴムをご使用いただいてもOKです。

・布端の始末で、「ロックミシン」と記載してある部分は「ジグザグミシン」でもOK
です。

ソーイングの基礎

[実物大パターンの使い方]

実物大パターンは別紙に写し取って使います。ハトロン紙などの薄紙を重ねて必要なパターンを写し、縫い代つきパターンを作りましょう。布目線や合い印、ポケットなどのつけ位置も忘れずに写します。

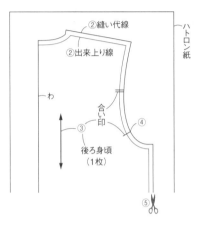

①縫い代つきの実物大パターンの写し取る線をマーカーでなぞっておく
②ハトロン紙などの透ける紙をパターンの上にのせ、定規を使って縫い代線と出来上り線を正確に写す
③布目線や合い印、パーツ名などを写す
④縫い代の端まで合い印の線をのばす
⑤縫い代線にそってカットする

[裁断・印つけ]

本書の作品はできるだけ無駄なく裁断できるように、裁合せ図では布を「わ」にしないでパターンを配置しています。その場合、パターンは右で作っていますので、左はパターンを裏側にして配置してください。

「わ」の印がある場合
布を外表に二つ折りにし、布の折り山にパターンの「わ」の部分を合わせる

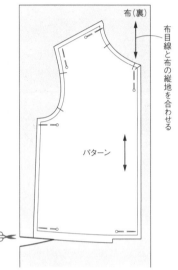

①布の裏側に縫い代つきのパターンをのせ、まち針で固定してからパターンにそって裁断する
②片面チョークペーパーをパターンと布の間に挟んでルレットで出来上り線をなぞって印をつける。合い印、縫止り、あき止りなどは裏側、ボタンつけ位置は表側に印をつける

①布の表側に縫い代つきのパターンをのせ、まち針で固定してからパターンにそって裁断する
②両面チョークペーパーを布の間に挟んでルレットで出来上り線をなぞって印をつける。合い印、縫止り、あき止りなどは裏側、ボタンつけ位置は表側に印をつける

[布の下準備]

洗濯による縮みや形くずれを防ぐため、コットンやリネンなどの布は用尺よりも多めに用意し、裁断前に必ず水通しと地直しをします。

水通し・地直しのしかた
①布を1時間ほど水に浸けてから、洗濯機で軽く脱水する
②布目を整えてから、生乾き程度まで陰干しをする
③縦横の布目が直角になるように布目を整えながら、裏からアイロンをかける

[接着芯のはり方]

布に接着芯をはることで、形くずれや布が伸びるのを防ぎます。粗裁ちした布の裏に接着芯（ざらざらしている面）を合わせ、当て布をしてドライアイロン（中温140〜160℃）をかけます。アイロンはすべらせずに、すきまができないように少しずつずらしながら、5〜6秒ずつ上から押さえます。完全に冷めてから、パターンにそって裁断します。

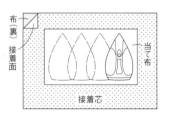

[裏バインダー始末]

衿ぐりの始末に使用。
表からはバイアス布が見えない始末の方法。

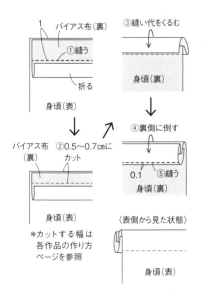

*カットする幅は
各作品の作り方
ページを参照

[バイアス布の裁ち方とはぎ方]

縦地に対して45°の角度で斜めの線を引き、その線と平行に、指定の幅で線を引いて
テープ状にカットします。1本で長さが足りないときは、はぎ合わせます。

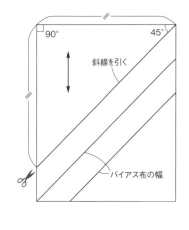

はぎ方
①直角になるように中表に合わせて縫う
②縫い代をアイロンで割る
③はみ出す部分をカット

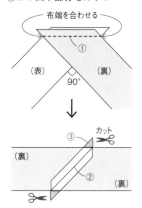

[タックのたたみ方]

布をつまんで斜線の高いほう（◆）から
低いほう（◎）に向かって倒し、印どう
しを合わせひだを作ります。

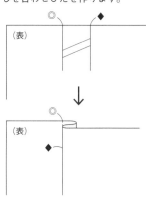

[ボタンホールの印つけ]

ボタンホールの寸法＝ボタンの直径＋ボタンの厚み

横穴の場合

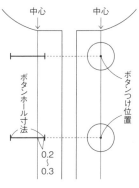

縦穴の場合

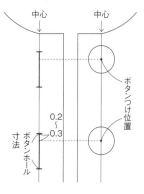

[ギャザーの寄せ方]

①縫い代に粗い針目のミシン（ギャザー
　ミシン）を2本かける。縫始めと縫終
　りの糸は長めに残しておく

②上糸（表側の糸）を2本一緒に引き、
　ギャザーを均等に寄せる

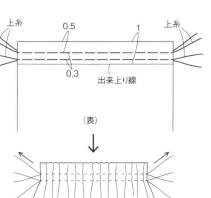

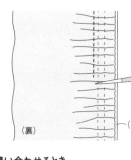

縫い合わせるとき
ギャザーを寄せた側を上にし、目打ちの
先でギャザーを整えながら縫う

*縫い合わせた後、ギャザーミシンは表から見え
　ないので、そのままにしておくが、気になる場
　合は糸を抜く

1 ノーカラーブラウス   PHOTO p.8-11, 16, 20-25, 28-29   実物大パターン1〈表〉

出来上り寸法
バスト … 114cm
着丈 … 60.5cm
袖丈 … 44.5cm

材料
表布：C&S コットンパピエ（ホワイト）
　… 105cm幅160cm
接着芯 … 92cm幅30cm
くるみボタン … 直径1cmを3個

作り方順序
1 後ろ身頃に後ろ見返しをつける
2 後ろ中心を縫い合わせ、後ろあきの始末をする
3 肩を縫う
4 衿ぐりを始末する … p.35 裏バインダー始末
　参照
5 裾と脇スリットを三つ折りにして縫う
6 袖をつける
7 袖下〜身頃の脇を縫う
8 袖口にギャザーを寄せる
9 カフスを作り、つける
10 右後ろ身頃にボタンホール（縦穴）をあけ、
　左後ろ身頃にくるみボタンをつける … p.35
　ボタンホールの印つけ参照

裁合せ図

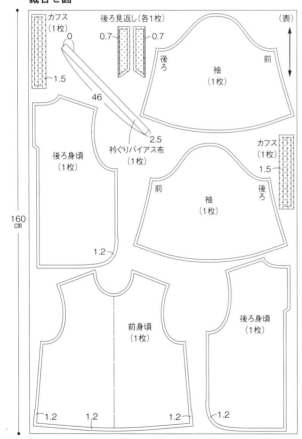

カフス（1枚）
後ろ見返し（各1枚）
（表）
0
0.7　0.7
1.5
46
2.5
衿ぐりバイアス布（1枚）
袖（1枚）
後ろ　前
カフス（1枚）
1.5
後ろ身頃（1枚）
前　後ろ
袖（1枚）
1.2
前身頃（1枚）
後ろ身頃（1枚）
1.2　1.2　1.2　1.2
160cm
105cm幅

＊ ＊ ＊指定以外の縫い代は1cm
＊後ろ見返しの1辺にロックミシンをかける
＊後ろ見返し、カフスの裏に接着芯をはる

縫い方順序

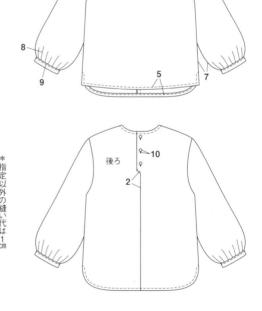

4　1　3
前
6
8
9
5
7
後ろ
10
2

1 後ろ身頃に後ろ見返しをつける

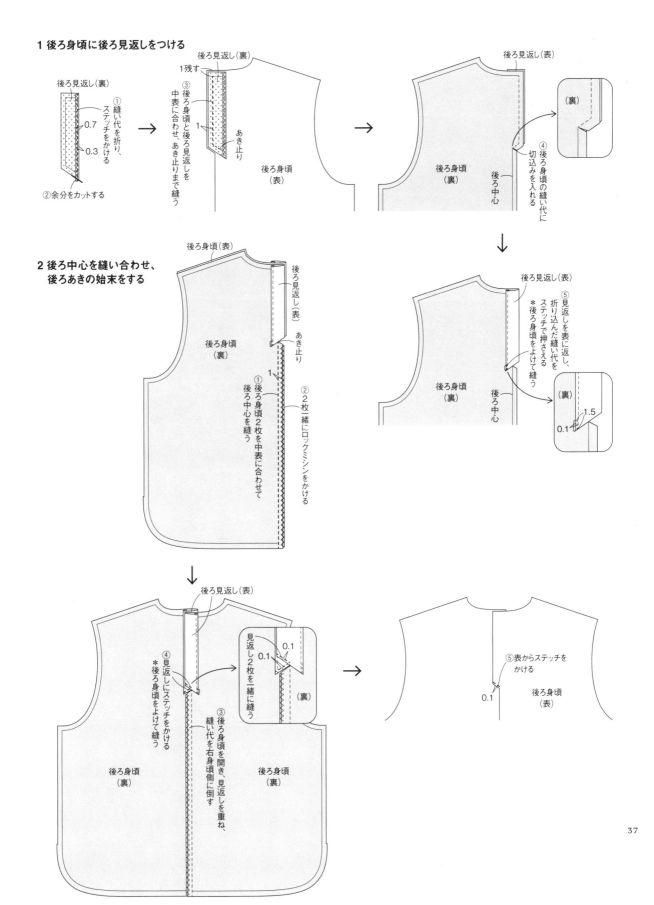

後ろ見返し(裏)
① 縫い代を折り、ステッチをかける
0.7
0.3
② 余分をカットする

後ろ見返し(裏)
1残す
③ 後ろ身頃と後ろ見返しを中表に合わせ、あき止りまで縫う
1
あき止り
後ろ身頃(表)

後ろ見返し(表)
(裏)
④ 後ろ身頃の縫い代に切込みを入れる
後ろ身頃(裏)
後ろ中心

2 後ろ中心を縫い合わせ、後ろあきの始末をする

後ろ身頃(表)
後ろ見返し(表)
あき止り
1
① 後ろ身頃2枚を中表に合わせて後ろ中心を縫う
② 2枚一緒にロックミシンをかける
後ろ身頃(裏)

後ろ見返し(表)
⑤ 見返しを表に返し、折り込んだ縫い代をステッチで押さえる
＊後ろ身頃をよけて縫う
後ろ身頃(裏)
後ろ中心
(裏)
1.5
0.1

後ろ見返し(表)
④ 見返しにステッチをかける
＊後ろ身頃をよけて縫う
③ 後ろ身頃を開き、見返しを重ね、縫い代を右身頃側に倒す
後ろ身頃(裏)
後ろ身頃(裏)
見返し2枚を一緒に縫う
0.1
0.1
(裏)

⑤ 表からステッチをかける
0.1
後ろ身頃(表)

37

3 肩を縫う

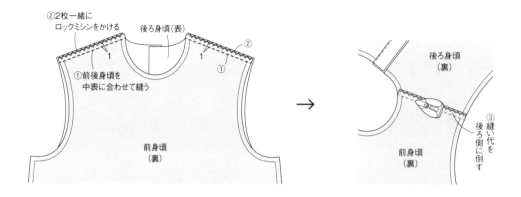

②2枚一緒に
ロックミシンをかける

後ろ身頃(表)

①前後身頃を
中表に合わせて縫う

前身頃
(裏)

③縫い代を
後ろ側に倒す

後ろ身頃
(裏)

前身頃
(裏)

4 衿ぐりを始末する

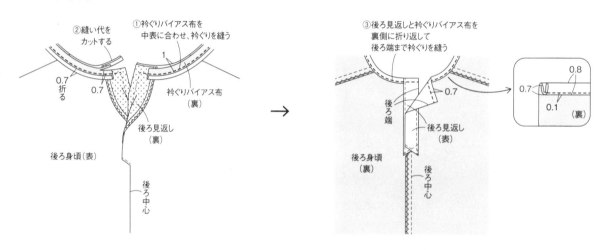

②縫い代を
カットする

①衿ぐりバイアス布を
中表に合わせ、衿ぐりを縫う

0.7
折る

0.7

衿ぐりバイアス布
(裏)

後ろ見返し
(裏)

後ろ身頃(表)

後ろ中心

③後ろ見返しと衿ぐりバイアス布を
裏側に折り返して
後ろ端まで衿ぐりを縫う

後ろ端

後ろ見返し
(表)

後ろ身頃
(裏)

後ろ中心

0.7

0.8

0.7

0.1

(裏)

5 裾と脇スリットを三つ折りにして縫う

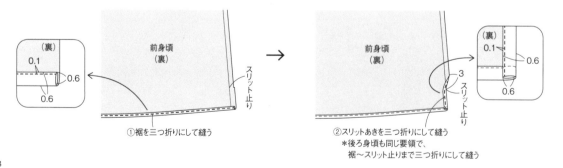

前身頃
(裏)

スリット止り

(裏)

0.1

0.6

0.6

①裾を三つ折りにして縫う

前身頃
(裏)

3

スリット止り

(裏)

0.1

0.6

0.6

②スリットあきを三つ折りにして縫う
*後ろ身頃も同じ要領で、
裾〜スリット止りまで三つ折りにして縫う

6 袖をつける

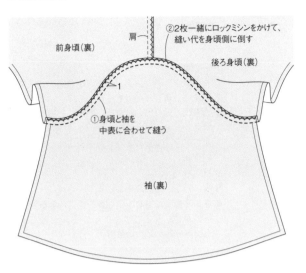

前身頃(裏)

肩

②2枚一緒にロックミシンをかけて、縫い代を身頃側に倒す

後ろ身頃(裏)

1

①身頃と袖を中表に合わせて縫う

袖(裏)

7 袖下～身頃の脇を縫う

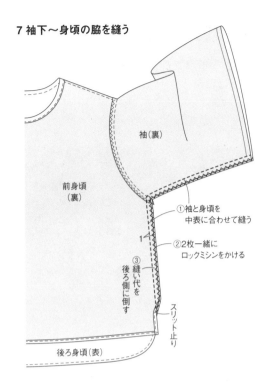

袖(裏)

前身頃(裏)

①袖と身頃を中表に合わせて縫う

1

②2枚一緒にロックミシンをかける

③縫い代を後ろ側に倒す

スリット止り

後ろ身頃(表)

8 袖口にギャザーを寄せる

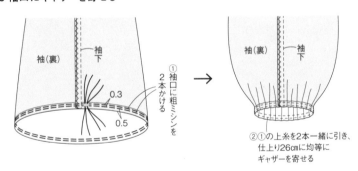

袖(裏)　袖下

0.3

0.5

①袖口に粗ミシンを2本かける

→

袖(裏)　袖下

②①の上糸を2本一緒に引き、仕上り26cmに均等にギャザーを寄せる

9 カフスを作り、つける

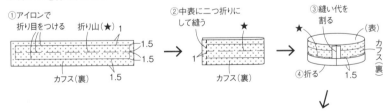

①アイロンで折り目をつける

折り山(★)　1

1.5
1.5

カフス(裏)　1.5

②中表に二つ折りにして縫う

★

1

カフス(裏)

③縫い代を割る

★

(表)

カフス(裏)

④折る　1.5

↓

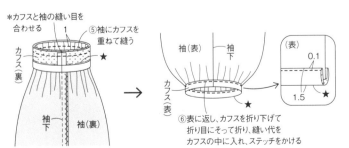

＊カフスと袖の縫い目を合わせる

1

⑤袖にカフスを重ねて縫う

★

カフス(裏)

カフス(裏)

袖下　袖(裏)

→

袖(表)　袖下

カフス(表)

★

⑥表に返し、カフスを折り下げて折り目にそって折り、縫い代をカフスの中に入れ、ステッチをかける

(表)

0.1

1.5　★

出来上り寸法
〈ショートベスト〉
バスト … 105cm
着丈 … 48cm
〈ロングベスト〉
バスト … 105cm
着丈 … 83cm

材料
〈2A ショートベスト〉
表布：C&Sコットンシルク リンクル
　　　（オフホワイト）… 110cm幅165cm
くるみボタン … 直径1.3cmを3個

〈2B ショートベスト〉
表布：C&Sフレンチコーデュロイ
　　　（ヴァニーユ）… 105cm幅165cm
くるみボタン … 直径1.3cmを3個

〈3 ロングベスト〉
表布：C&Sコットンシルク リンクル
　　　（グレイッシュピンク）… 110cm幅270cm
くるみボタン … 直径1.3cmを3個

作り方順序
＊ショートベスト、ロングベストの作り方は共通
1 表身頃と裏身頃の肩をそれぞれ縫う
2 表身頃と裏身頃の後ろ端～衿ぐりと袖ぐりを縫い合わせる
3 表布どうし、裏布どうしを中表に合わせ、脇を縫う
4 裾を縫う
5 表に返し、返し口をとじる
6 左後ろ身頃にボタンホール（横穴）をあけ、右後ろ身頃にくるみボタンをつける … p.35 ボタンホールの印つけ参照

2A・2B 後ろボタンショートベスト　裁合せ図

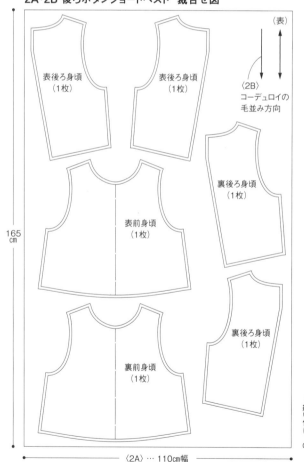

（表）
〈2B〉
コーデュロイの
毛並み方向

表後ろ身頃
（1枚）

表後ろ身頃
（1枚）

裏後ろ身頃
（1枚）

表前身頃
（1枚）

裏後ろ身頃
（1枚）

裏前身頃
（1枚）

165cm

＊縫い代は1cm

〈2A〉… 110cm幅
〈2B〉… 105cm幅

2A・2B 後ろボタンショートベスト　縫い方順序

前

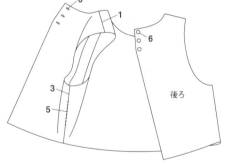

後ろ

3 後ろボタンロングベスト 裁合せ図

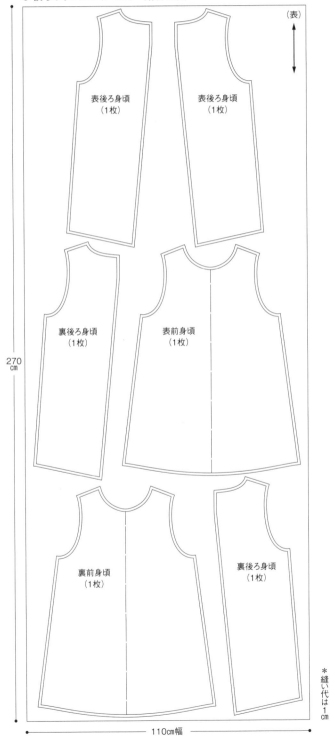

(表)

表後ろ身頃
(1枚)

表後ろ身頃
(1枚)

裏後ろ身頃
(1枚)

表前身頃
(1枚)

裏前身頃
(1枚)

裏後ろ身頃
(1枚)

270cm

110cm幅

＊縫い代は1cm

3 後ろボタンロングベスト 縫い方順序

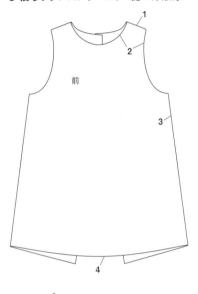

1
2
前
3
4

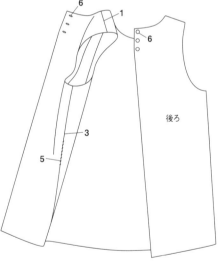

6
1
6
後ろ
3
5

1 表身頃と裏身頃の肩をそれぞれ縫う

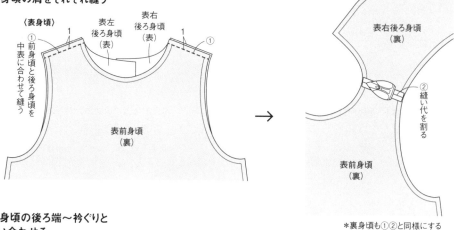

〈表身頃〉

① 前身頃と後ろ身頃を中表に合わせて縫う

表左後ろ身頃（表）

表右後ろ身頃（表）

表前身頃（裏）

② 縫い代を割る

表右後ろ身頃（裏）

表前身頃（裏）

＊裏身頃も①②と同様にする

2 表身頃と裏身頃の後ろ端～衿ぐりと袖ぐりを縫い合わせる

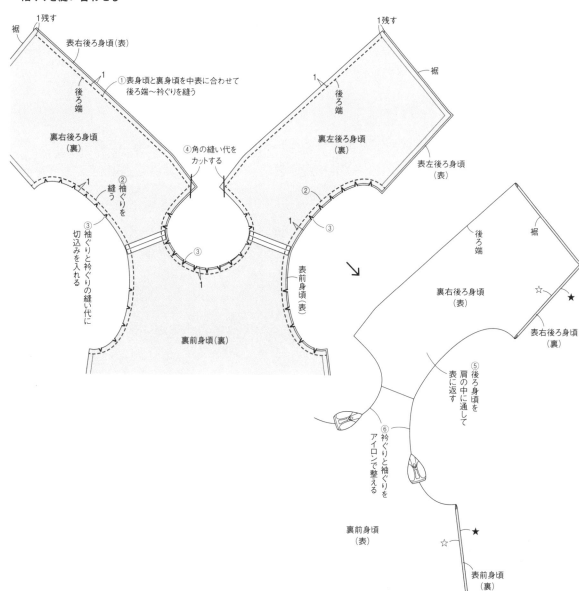

1残す

裾

表右後ろ身頃（表）

後ろ端

裏右後ろ身頃（裏）

① 表身頃と裏身頃を中表に合わせて後ろ端～衿ぐりを縫う

② 袖ぐりを縫う

③ 袖ぐりと衿ぐりの縫い代に切込みを入れる

④ 角の縫い代をカットする

裏前身頃（裏）

1残す

裾

後ろ端

裏左後ろ身頃（裏）

表左後ろ身頃（表）

②

③

表前身頃（表）

後ろ端

裾

裏右後ろ身頃（表）

表右後ろ身頃（裏）

☆ ★

⑤ 後ろ身頃を肩の中に通して表に返す

⑥ 衿ぐりと袖ぐりをアイロンで整える

裏前身頃（表）

☆ ★

表前身頃（裏）

裾

3 表布どうし、裏布どうしを中表に合わせ、脇を縫う

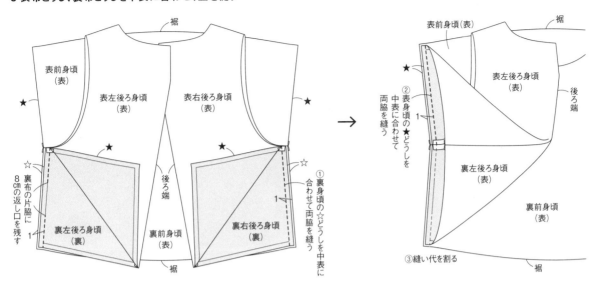

4 裾を縫う

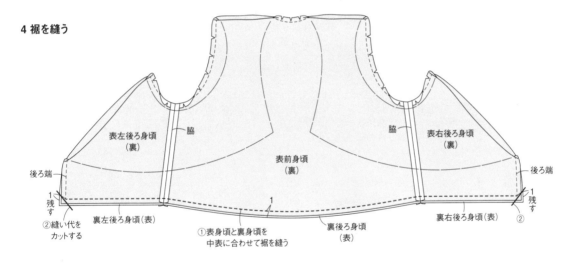

5 表に返し、返し口をとじる
6 左後ろ身頃にボタンホール（横穴）をあけ、
**　右後ろ身頃にくるみボタンをつける**

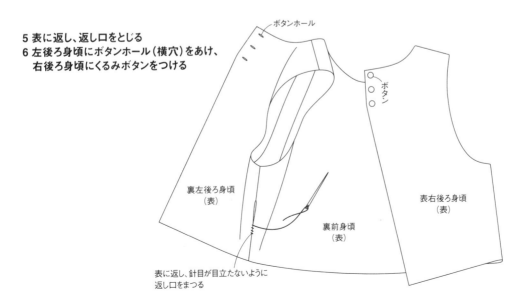

4A 後ろあきワンピース

PHOTO p.22-23, 28　実物大パターン2〈裏〉

出来上り寸法

バスト … 127cm
着丈 … 109cm
ゆき丈 … 68cm
袖丈 … 39cm

材料

表布：C&S marie flower（チャコールグレーにブラック）
　… 110cm幅320cm
接着芯 … 92cm幅120cm
伸止めテープ … 1.5cm幅40cm
くるみボタン … 直径1.3cmを2個

作り方順序

1 後ろ身頃に後ろ見返しをつける
2 ポケットを作り、前身頃に縫いつける
3 肩を縫う … p.38-**3** 参照
4 衿ぐりを始末し、後ろ端を縫う … p.35 裏バインダー始末参照
5 袖をつける … p.39-**6** 参照
6 袖下〜身頃の脇を縫う
7 袖口にギャザーを寄せる … p.39-**8** 参照
8 カフスを作り、つける
9 裾を三つ折りにして縫う
10 後ろ見返し端を後ろ身頃に縫いつける
11 左後ろ身頃にボタンホール（横穴）をあけ、右後ろ身頃にくるみボタンをつける … p.35 ボタンホールの印つけ参照

縫い方順序

裁合せ図

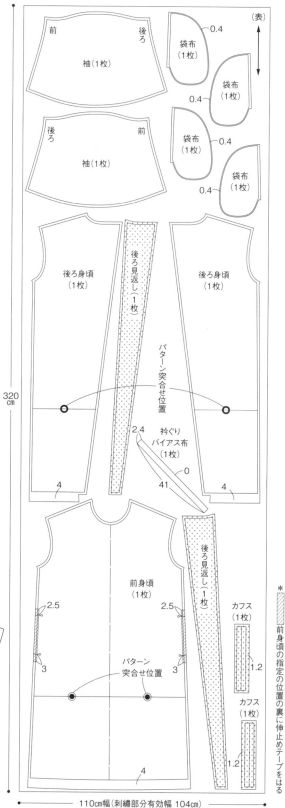

44

1 後ろ身頃に後ろ見返しをつける

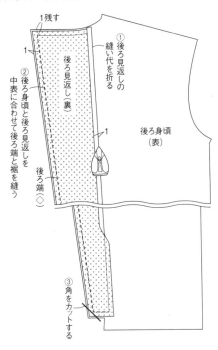

1残す
1
① 後ろ見返しの縫い代を折る
② 後ろ身頃と後ろ見返しを中表に合わせて後ろ端と裾を縫う
後ろ見返し（裏）
後ろ身頃（表）
1
後ろ端（◇）
③ 角をカットする

2 ポケットを作り、前身頃に縫いつける

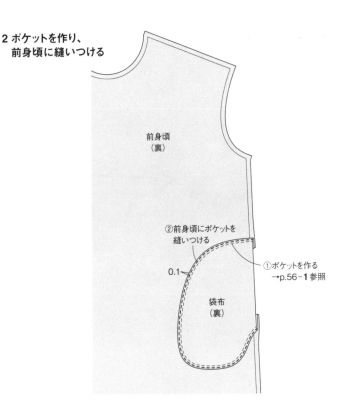

前身頃（裏）
② 前身頃にポケットを縫いつける
0.1
① ポケットを作る →p.56-1参照
袋布（裏）

4 衿ぐりを始末し、後ろ端を縫う

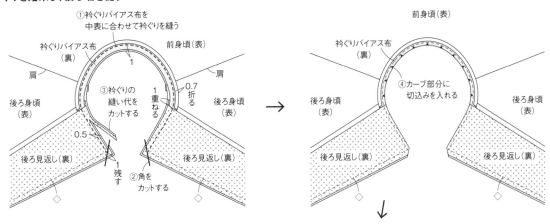

① 衿ぐりバイアス布を中表に合わせて衿ぐりを縫う
衿ぐりバイアス布（裏）
前身頃（表）
1
肩
肩
後ろ身頃（表）
③ 衿ぐりの縫い代をカットする
1重ねる
0.7折る
後ろ身頃（表）
0.5
後ろ見返し（裏）
1残す
② 角をカットする
後ろ見返し（裏）
◇
◇

前身頃（表）
衿ぐりバイアス布（裏）
④ カーブ部分に切込みを入れる
後ろ身頃（表）
後ろ身頃（表）
後ろ見返し（裏）
後ろ見返し（裏）

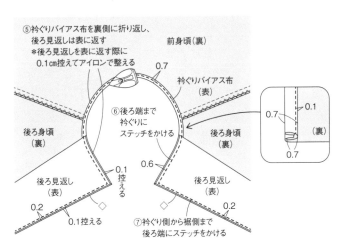

⑤ 衿ぐりバイアス布を裏側に折り返し、後ろ見返しは表に返す
＊後ろ見返しを表に返す際に0.1cm控えてアイロンで整える
前身頃（裏）
0.7
衿ぐりバイアス布（表）
⑥ 後ろ端まで衿ぐりにステッチをかける
後ろ身頃（裏）
後ろ身頃（裏）
0.7
0.1
0.7
（裏）
0.7
0.6
後ろ見返し（表）
0.1控える
後ろ見返し（表）
0.2
0.1控える
◇
◇
0.2
⑦ 衿ぐり側から裾側まで後ろ端にステッチをかける

45

6 袖下〜身頃の脇を縫う

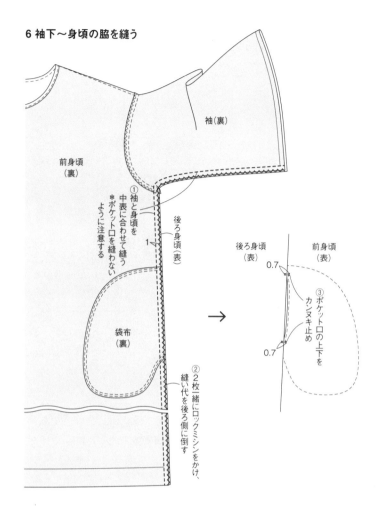

袖（裏）

前身頃
（裏）

①袖と身頃を
中表に合わせて縫う
＊ポケット口を縫わない
ように注意する

後ろ身頃（表）

1

袋布
（裏）

②2枚一緒にロックミシンをかけ、
縫い代を後ろ側に倒す

後ろ身頃（表）　前身頃（表）

0.7

③ポケット口の上下を
カンヌキ止め

0.7

8 カフスを作り、つける

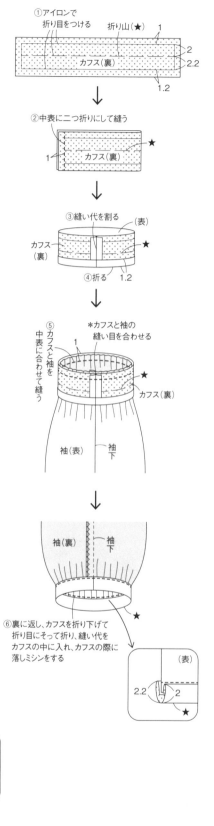

①アイロンで
折り目をつける　　折り山（★）　1

カフス（裏）

2
2.2
1.2

②中表に二つ折りにして縫う

1　　カフス（裏）　★

③縫い代を割る　　（表）

カフス
（裏）　★

④折る　　1.2

⑤カフスと袖を
中表に合わせて縫う

＊カフスと袖の
縫い目を合わせる

1

カフス（裏）

袖（表）　袖下

袖（裏）　袖下

⑥裏に返し、カフスを折り下げて
折り目にそって折り、縫い代を
カフスの中に入れ、カフスの際に
落しミシンをする

★

（表）

2.2　2

★

9 裾を三つ折りにして縫う
10 後ろ見返し端を
　　　後ろ身頃に縫いつける

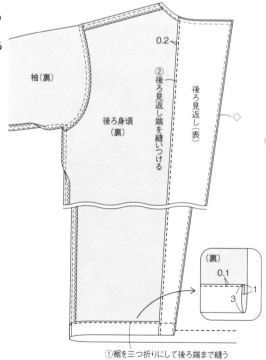

袖（裏）

後ろ身頃
（裏）

0.2

②後ろ見返し端を縫いつける

後ろ見返し（表）

◇

（裏）

0.1

1
3

①裾を三つ折りにして後ろ端まで縫う

4B 後ろあきブラウス

PHOTO p.13, 19, 28   実物大パターン2〈裏〉

出来上り寸法
バスト … 127cm
着丈 … 60.5cm
ゆき丈 … 68cm
袖丈 … 39cm

材料
表布：C&S sunny days コットン（ブルー）
　… 110cm幅200cm
接着芯 … 92cm幅70cm
くるみボタン … 直径1.3cmを2個

作り方順序
1 後ろ身頃に後ろ見返しをつける … p.45-**1** 参照
2 肩を縫う … p.38-**3** 参照
3 衿ぐりを始末し、後ろ端を縫う … p.45-**4** 参照、p.35 裏バインダー始末参照
4 袖をつける … p.39-**6** 参照
5 袖下〜身頃の脇を縫う … p.46-**6** 参照
6 袖口にギャザーを寄せる … p.39-**8** 参照
7 カフスを作り、つける … p.46-**8** 参照
8 裾を三つ折りにして縫う … p.46-**9** 参照
　＊裾の仕上りを2cm幅の三つ折りにし、裾から
　　1.9cm幅ステッチをかける
9 後ろ見返し端を後ろ身頃に縫いつける … p.46-
　10 参照
10 左後ろ身頃にボタンホール（横穴）をあけ、
　　右後ろ身頃にくるみボタンをつける … p.35
　　ボタンホールの印つけ参照

裁合せ図

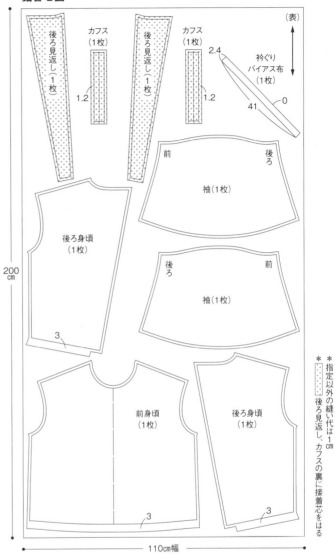

縫い方順序

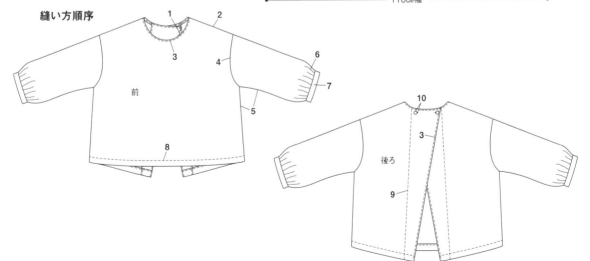

47

出来上り寸法
バスト … 106cm
着丈 … 55cm
袖丈 … 54cm

材料
表布：リバティプリント Xanthe Sunbeam
　（ZEネイビー系）… 108cm幅180cm
接着芯 … 92cm幅65cm
伸止めテープ … 1.2cm幅60cm
くるみボタン … 直径1cmを6個

作り方順序
1 見返しの切替え線を縫う
2 身頃の切替え線を縫う … p.38-**3** 参照
3 衿を作る … p.51-**4** 参照
4 袖をつける … p.39-**6** 参照
5 袖下～身頃の脇を縫う … p.46-**6** 参照
6 衿を挟んで身頃と見返しを縫い合わせる
7 裾を三つ折りにして縫う
8 袖口の始末をする … p.52-**9** 参照
9 見返し端を身頃に縫いつける … p.52-**10** 参照
10 右前身頃にボタンホール（横穴）をあけ、左前身頃にボタンをつける … p.35 ボタンホールの印つけ参照

裁合せ図

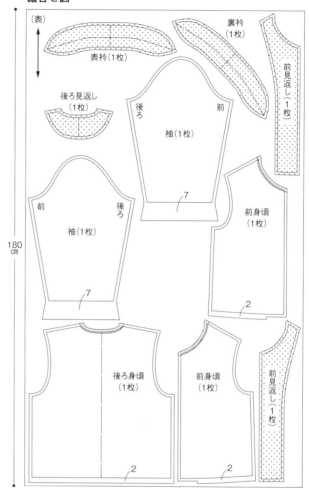

180cm

108cm幅

＊指定以外の縫い代は1cm
＊前後見返し、衿の裏に接着芯をはる
＊後ろ身頃衿ぐり、前身頃衿ぐりの指定の位置の裏に伸止めテープをはる

縫い方順序

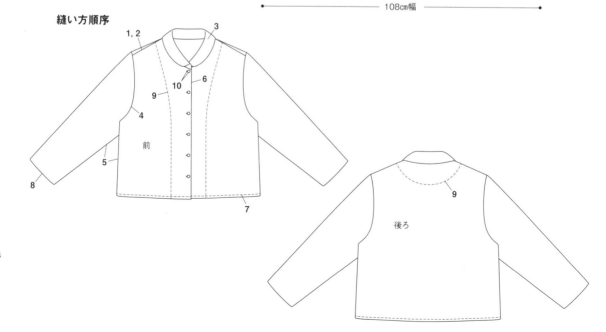

1 見返しの切替え線を縫う

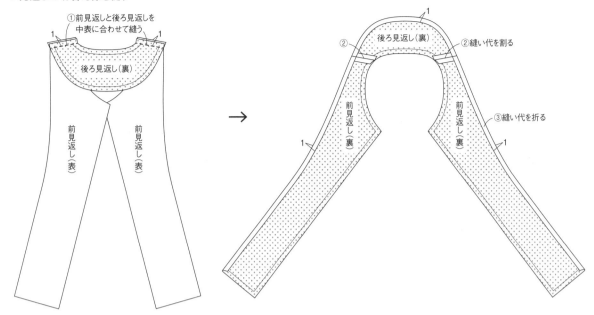

①前見返しと後ろ見返しを
中表に合わせて縫う

後ろ見返し(裏)

前見返し(表)　前見返し(表)

→

後ろ見返し(裏)

②縫い代を割る

前見返し(裏)　前見返し(裏)

③縫い代を折る

6 衿を挟んで身頃と見返しを縫い合わせる
7 裾を三つ折りにして縫う

③カーブ部分に
切込みを入れる

衿(表)

②角を
カットする

①身頃と見返しを中表に合わせ、衿を挟んで衿ぐり、前端、裾を縫う

前身頃
(表)

前見返し(裏)

1

前端

②

→

④見返しを表に返し、形を整える

前見返し(表)

前身頃
(裏)

後ろ身頃
(裏)

前端

⑤裾を三つ折りにして前端まで縫う

(裏)

0.1

1

1　裾

6 へちま衿ジャケット PHOTO p.25 実物大パターン2〈裏〉

出来上り寸法
バスト … 110cm
着丈 … 55cm
袖丈 … 54cm

材料
表布:リネンツイル(ベージュ)
　… 150cm幅130cm
接着芯 … 92cm幅65cm
伸止めテープ … 1.2cm幅160cm
ボタン … 直径1.7cmを5個

作り方順序
1 見返しの切替え線を縫う
2 前身頃と前裾見返しを縫い合わせる
3 身頃の切替え線を縫う … p.38-3 参照
4 衿を作る
5 袖をつける … p.39-6 参照
6 袖下〜身頃の脇を縫う … p.46-6 参照
7 衿を挟んで身頃と見返しを縫い合わせる
8 裾の始末をする
9 袖口の始末をする
10 見返し端を身頃に縫いつける
11 右前身頃にボタンホール(横穴)をあけ、左前身頃にボタンをつける … p.35 ボタンホールの印つけ参照

裁合せ図

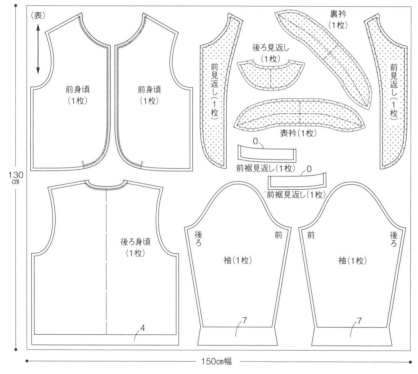

縫い方順序

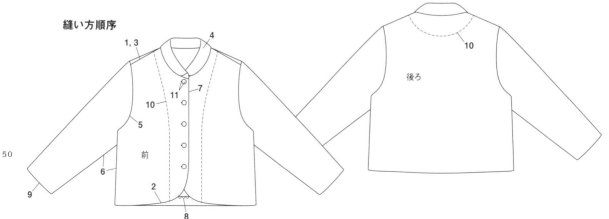

50

1 見返しの切替え線を縫う

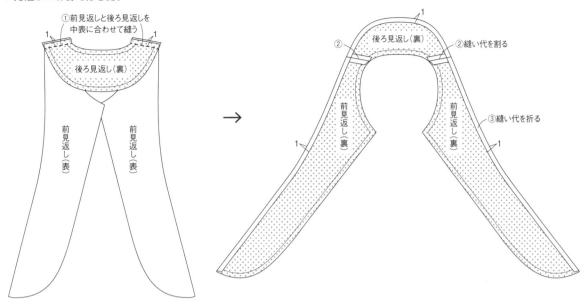

①前見返しと後ろ見返しを
中表に合わせて縫う

後ろ見返し(裏)

前見返し(表)

前見返し(表)

1

1

1

→

1

②縫い代を割る

②

後ろ見返し(裏)

前見返し(裏)

前見返し(裏)

③縫い代を折る

1

2 前身頃と前裾見返しを縫い合わせる

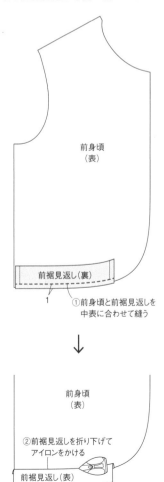

前身頃
(表)

前裾見返し(裏)

1

①前身頃と前裾見返しを
中表に合わせて縫う

↓

前身頃
(表)

②前裾見返しを折り下げて
アイロンをかける

前裾見返し(表)

4 衿を作る

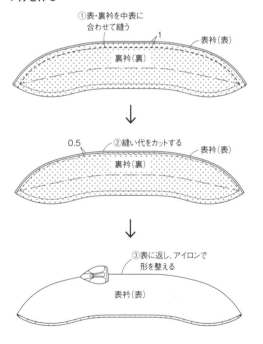

①表・裏衿を中表に
合わせて縫う

1

表衿(表)

裏衿(裏)

↓

0.5

②縫い代をカットする

表衿(表)

裏衿(裏)

↓

③表に返し、アイロンで
形を整える

表衿(表)

7 衿を挟んで身頃と見返しを縫い合わせる
8 裾の始末をする

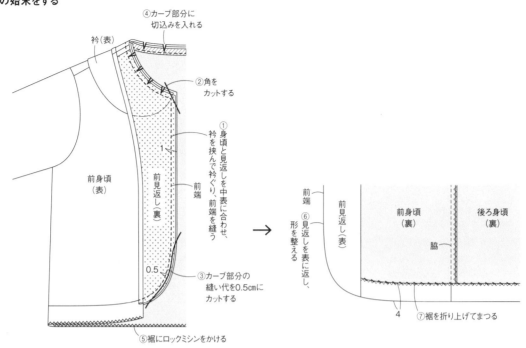

④カーブ部分に切込みを入れる

衿（表）

②角をカットする

前身頃（表）

前見返し（裏）

前端

①身頃と見返しを中表に合わせ、衿を挟んで衿ぐり、前端を縫う

③カーブ部分の縫い代を0.5cmにカットする

0.5

1

⑤裾にロックミシンをかける

⑥見返しを表に返し、形を整える

前端

前見返し（表）

前身頃（裏）

脇

後ろ身頃（裏）

4

⑦裾を折り上げてまつる

9 袖口の始末をする

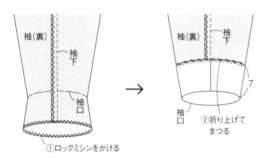

袖（裏）

袖下

袖口

①ロックミシンをかける

袖（裏）

袖下

袖口

7

②折り上げてまつる

10 見返し端を身頃に縫いつける

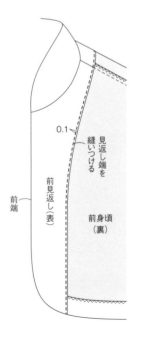

0.1

見返し端を縫いつける

前端

前見返し（表）

前身頃（裏）

7A・7B　バルーンパンツ

PHOTO　**7A**／p.12-13, 18, 28　**7B**／p.19

実物大パターン1〈表〉

出来上り寸法
ウエスト … 70cm
パンツ丈 … 80.5cm

材料
〈 7A 〉
表布：C&S sunny days コットン（ブルー）
　　… 110cm幅200cm
伸止めテープ … 1.5cm幅40cm
平ゴム … 1.2cm幅72cmを2本、34cmを2本

〈 7B 〉
表布：リバティプリント Xanthe Sunbeam
　　（ZEネイビー系）… 108cm幅200cm
伸止めテープ … 1.5cm幅40cm
平ゴム … 1.2cm幅72cmを2本、34cmを2本

作り方順序
＊〈 7A 〉、〈 7B 〉の作り方は共通
1 ポケットを作る…p.56-**1** 参照
　＊0.5cm、0.7cmの袋縫いをする
2 脇を縫う
3 股下を縫う
4 見返しを縫う
5 見返しとパンツを縫い合わせ、ウエストを縫う
6 裾を三つ折りにして縫う
7 ウエストと裾に平ゴムを通す

裁合せ図　　　　　　　　　　　　　　　　　　　　**縫い方順序**

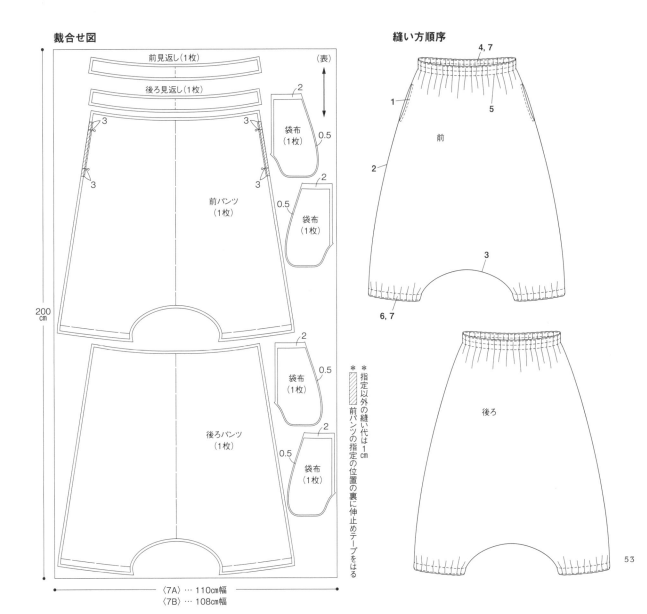

前見返し(1枚)　　　　　　　　　　　　　　　(表)
後ろ見返し(1枚)
袋布(1枚)　0.5
前パンツ(1枚)
袋布(1枚)　0.5
袋布(1枚)　0.5
後ろパンツ(1枚)
袋布(1枚)　0.5

200cm

〈7A〉… 110cm幅
〈7B〉… 108cm幅

＊＊指定以外の縫い代は1cm
前パンツの指定の位置の裏に伸止めテープをはる

前
後ろ

53

2 脇を縫う
3 股下を縫う

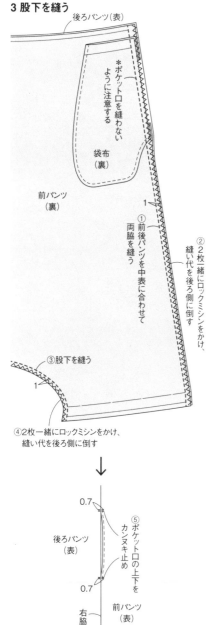

後ろパンツ（表）

＊ポケット口を縫わないように注意する

袋布（裏）

前パンツ（裏）

①前後パンツを中表に合わせて両脇を縫う

②2枚一緒にロックミシンをかけ、縫い代を後ろ側に倒す

1

③股下を縫う

1

④2枚一緒にロックミシンをかけ、縫い代を後ろ側に倒す

0.7

後ろパンツ（表）

⑤ポケット口の上下をカンヌキ止め

0.7

右脇

前パンツ（表）

4 見返しを縫う

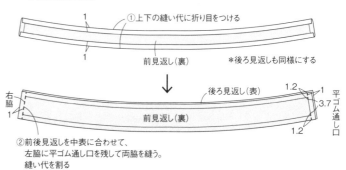

①上下の縫い代に折り目をつける

1

1

前見返し（裏）

＊後ろ見返しも同様にする

右脇

後ろ見返し（表）

1

1.2

1

3.7

平ゴム通し口

前見返し（裏）

1.2

②前後見返しを中表に合わせて、左脇に平ゴム通し口を残して両脇を縫う。縫い代を割る

5 見返しとパンツを縫い合わせ、ウエストを縫う

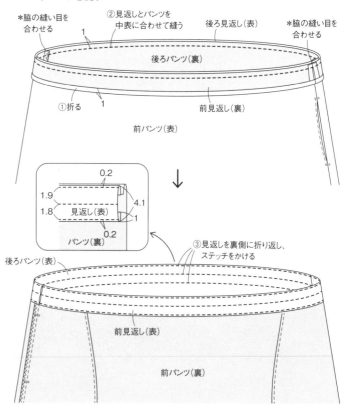

＊脇の縫い目を合わせる

②見返しとパンツを中表に合わせて縫う

後ろ見返し（表）

＊脇の縫い目を合わせる

1

後ろパンツ（裏）

①折る

1

前見返し（裏）

前パンツ（表）

0.2

1.9

1.8

見返し（表）

4.1

1

0.2

パンツ（裏）

後ろパンツ（表）

③見返しを裏側に折り返し、ステッチをかける

前見返し（表）

前パンツ（裏）

6 裾を三つ折りにして縫う

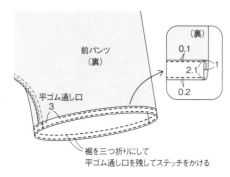

前パンツ（裏）

（裏）

0.1

2.1

1

0.2

平ゴム通し口 3

裾を三つ折りにして平ゴム通し口を残してステッチをかける

7 ウエストと裾に平ゴムを通す

＊ウエストはp.57-7参照

①平ゴム通し口から平ゴムを通し、重ねて縫う

股下

1

（裏）

平ゴム（各34cm）

裾

②平ゴムを割り、裾の中に入れ込み、ステッチをかける

（裏）

0.1

裾

54

8A・8B サルエルパンツ

出来上り寸法
ウエスト … 70cm
パンツ丈 … 90cm

材料
〈8A〉
表布：C&S幅広コットントュジュー（ブラック）
　… 145cm幅160cm
伸止めテープ … 1.5cm幅40cm
平ゴム … 1.2cm幅72cmを2本

〈8B〉
表布：C&S幅広コットントュジュー（ホワイト）
　… 145cm幅160cm
伸止めテープ … 1.5cm幅40cm
平ゴム … 1.2cm幅72cmを2本

作り方順序
＊〈8A〉、〈8B〉の作り方は共通
1　ポケットを作る
2　脇を縫う
3　股下を縫う
4　股上を縫う
5　ウエストを縫う
6　裾を三つ折りにして縫う
7　ウエストに平ゴムを通す

縫い方順序

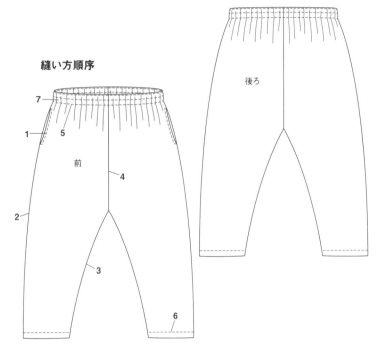

裁合せ図

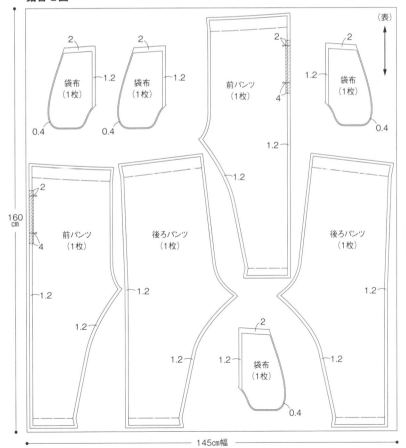

＊＊指定以外の縫い代は1cm
　前パンツの指定の位置の裏に伸止めテープをはる

1 ポケットを作る

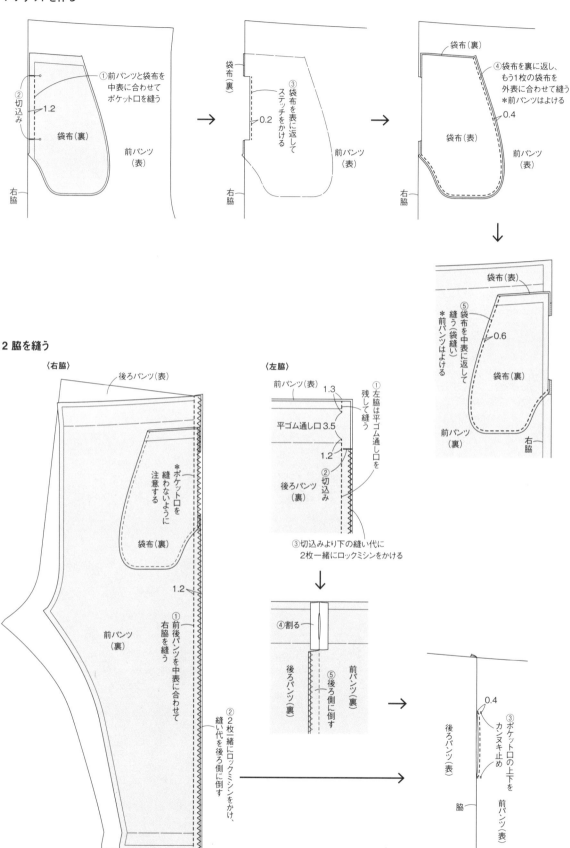

①前パンツと袋布を中表に合わせてポケット口を縫う

②切込み　1.2

袋布(裏)

前パンツ(表)

右脇

袋布(裏)

③袋布を表に返してステッチをかける　0.2

前パンツ(表)

右脇

袋布(裏)

④袋布を裏に返し、もう1枚の袋布を外表に合わせて縫う　＊前パンツはよける　0.4

袋布(表)

前パンツ(表)

右脇

袋布(表)

⑤袋布を中表に返して縫う(袋縫い)　＊前パンツはよける　0.6

袋布(裏)

前パンツ(裏)

右脇

2 脇を縫う

〈右脇〉

後ろパンツ(表)

＊ポケット口を縫わないように注意する

袋布(裏)

1.2

前パンツ(裏)

①前後パンツを中表に合わせて右脇を縫う

②2枚一緒にロックミシンをかけ、縫い代を後ろ側に倒す

〈左脇〉

前パンツ(表)　1.3

①左脇は平ゴム通し口を残して縫う

平ゴム通し口 3.5

1.2

②切込み

後ろパンツ(裏)

③切込みより下の縫い代に2枚一緒にロックミシンをかける

④割る

後ろパンツ(裏)　⑤後ろ側に倒す　前パンツ(裏)

0.4

③ポケット口の上下をカンヌキ止め

後ろパンツ(表)

脇

前パンツ(表)

3 股下を縫う

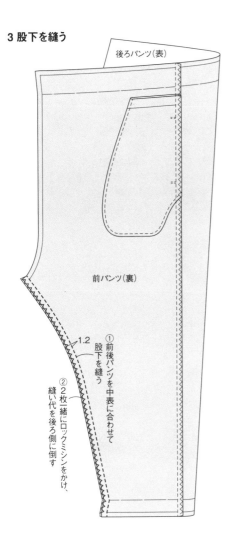

後ろパンツ(表)

前パンツ(裏)

1.2

① 前後パンツを中表に合わせて股下を縫う

② 2枚一緒にロックミシンをかけ、縫い代を後ろ側に倒す

4 股上を縫う

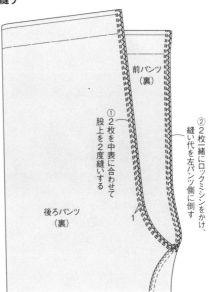

前パンツ(裏)

後ろパンツ(裏)

① 2枚を中表に合わせて股上を2度縫いする

② 2枚一緒にロックミシンをかけ、縫い代を左パンツ側に倒す

1

5 ウエストを縫う

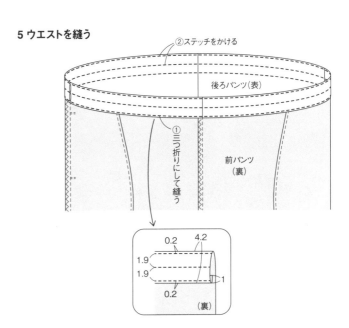

② ステッチをかける

後ろパンツ(表)

前パンツ(裏)

① 三つ折りにして縫う

0.2　4.2

1.9

1.9

1

0.2

(裏)

6 裾を三つ折りにして縫う

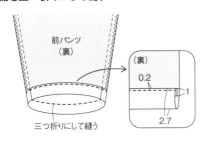

前パンツ(裏)

三つ折りにして縫う

(裏)

0.2

1

2.7

7 ウエストに平ゴムを通す

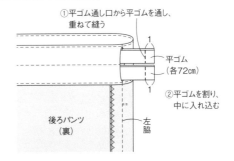

① 平ゴム通し口から平ゴムを通し、重ねて縫う

1

平ゴム(各72cm)

1

② 平ゴムを割り、中に入れ込む

後ろパンツ(裏)

左脇

9A・9B 前ポケットパンツ

PHOTO 9A／p.8-9　9B／p.14-15, 24-25

実物大パターン1〈表〉

出来上り寸法
ウエスト … 70cm
パンツ丈 … 92.5cm

材料
〈9A〉
表布：C&Sフレンチコーデュロイ（ソイラテ）
　　　… 105cm幅210cm
伸止めテープ … 1.5cm幅22.5cm
平ゴム … 1.2cm幅72cmを2本

〈9B〉
表布：C&Sボーイフレンドチノクロス
　　　（シナモン）… 110cm幅200cm
伸止めテープ … 1.5cm幅22.5cm
平ゴム … 1.2cm幅72cmを2本

作り方順序
*〈9A〉、〈9B〉の作り方は共通
1 右前パンツにポケットを作る
2 脇を縫う … p.56-2 参照
3 股下を縫う … p.57-3 参照
4 股上を縫う … p.57-4 参照
5 ウエストを縫う … p.57-5 参照
6 裾を三つ折りにして縫う
7 ウエストに平ゴムを通す … p.57-7 参照

縫い方順序

裁合せ図〈9A〉

1 右前パンツにポケットを作る

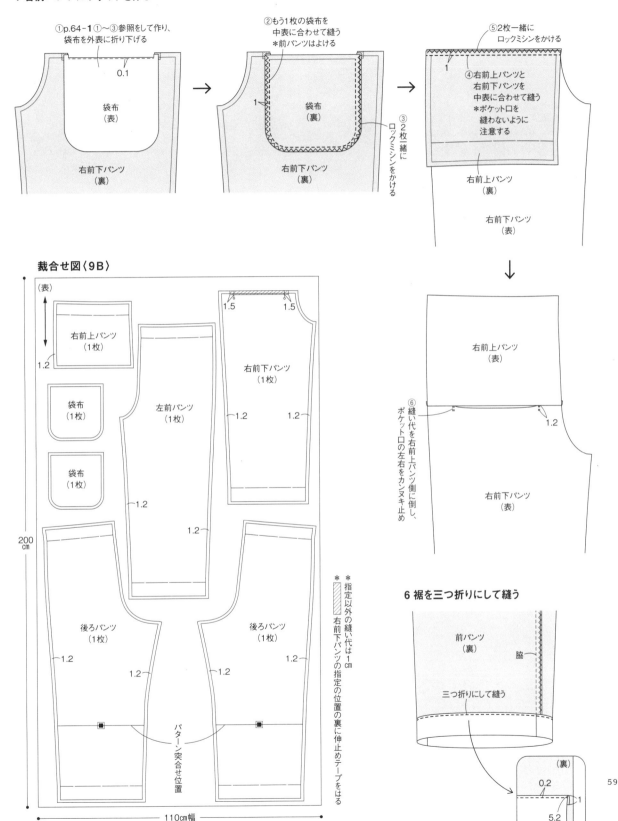

①p.64-1①〜③参照をして作り、袋布を外表に折り下げる

0.1

袋布（表）

右前下パンツ（裏）

②もう1枚の袋布を中表に合わせて縫う
＊前パンツはよける

1

袋布（裏）

③2枚一緒にロックミシンをかける

右前下パンツ（裏）

⑤2枚一緒にロックミシンをかける

1

④右前上パンツと右前下パンツを中表に合わせて縫う
＊ポケット口を縫わないように注意する

右前上パンツ（裏）

右前下パンツ（表）

右前上パンツ（表）

⑥縫い代を右前上パンツ側に倒し、ポケット口の左右をカンヌキ止め

1.2

右前下パンツ（表）

裁合せ図〈9B〉

（表）

1.5   1.5

右前上パンツ（1枚）

1.2

右前下パンツ（1枚）

1.2   1.2

袋布（1枚）

左前パンツ（1枚）

1.2

袋布（1枚）

1.2

1.2

200cm

後ろパンツ（1枚）

1.2

後ろパンツ（1枚）

1.2

1.2   1.2

パターン突合せ位置

110cm幅

＊＊
指定以外の縫い代は1cm
右前下パンツの指定の位置の裏に伸止めテープをはる

6 裾を三つ折りにして縫う

前パンツ（裏）

脇

三つ折りにして縫う

（裏）

0.2

1

5.2

59

11 巻きスカート風ギャザースカート

PHOTO p.10-11, 29　実物大パターン2〈表〉

出来上り寸法

ウエスト … 70cm
スカート丈 … 78cm

材料

表布A：C&S sunny days stripe（カフェオレ×
　ホワイト　13mm幅）… 110cm幅125cm
表布B：C&S 海のブロード（ホワイト）
　… 110cm幅135cm
表布C：C&S 海のブロード（ベリー）
　… 110cm幅25cm
伸止めテープ … 1.5cm幅20cm
平ゴム … 1cm幅72cmを2本

作り方順序

1 右脇にポケットを作る
2 ヨーク、上スカート、下スカートの脇をそれぞ
　れ縫う
3 上スカート、下スカートの裾と前端をそれぞれ
　縫う
4 上スカートと下スカートとヨークを縫い合わ
　せる
5 ウエストベルトを作る
6 ウエストベルトをつける
7 ウエストに平ゴムを通す … p.57-7を参照

縫い方順序

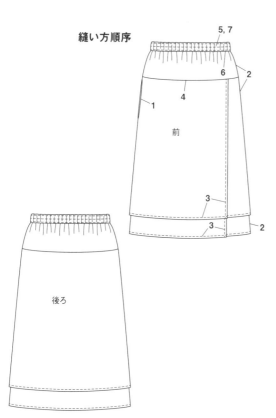

裁合せ図
＊指定以外の縫い代は1cm
表布A　＊▨ 上右前スカートの指定の位置の裏に伸止めテープをはる

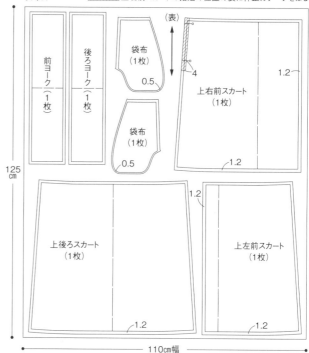

前ヨーク（1枚）
後ろヨーク（1枚）
袋布（1枚）　0.5
袋布（1枚）　0.5
（表）
上右前スカート（1枚）　4　1.2
1.2
上後ろスカート（1枚）　1.2　1.2
上左前スカート（1枚）　1.2
125cm
110cm幅

表布B

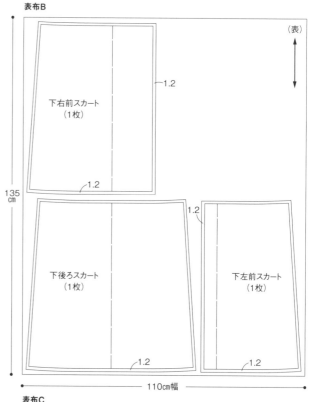

（表）
下右前スカート（1枚）　1.2
1.2
1.2
下後ろスカート（1枚）　1.2
下左前スカート（1枚）　1.2
135cm
110cm幅

表布C

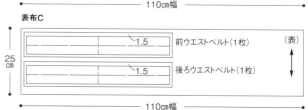

1.5　前ウエストベルト（1枚）　（表）
1.5　後ウエストベルト（1枚）
25cm
110cm幅

1 右脇にポケットを作る

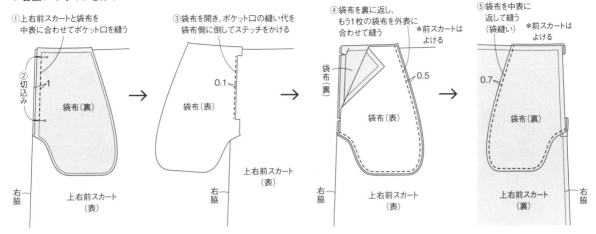

① 上右前スカートと袋布を
中表に合わせてポケット口を縫う

② 切込み

袋布（裏）

上右前スカート
（表）

右脇

③ 袋布を開き、ポケット口の縫い代を
袋布側に倒してステッチをかける

0.1

袋布（表）

上右前スカート
（表）

右脇

④ 袋布を裏に返し、
もう1枚の袋布を外表に
合わせて縫う

袋布（裏）

0.5

袋布（表）

上右前スカート
（表）

右脇

＊前スカートは
よける

⑤ 袋布を中表に
返して縫う
（袋縫い）

0.7

袋布（裏）

上右前スカート
（裏）

右脇

＊前スカートは
よける

2 ヨーク、上スカート、下スカートの脇をそれぞれ縫う

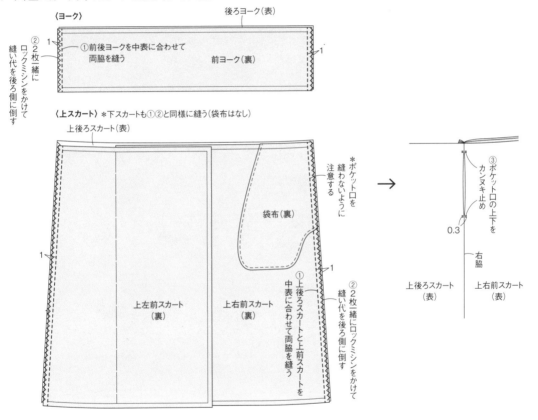

〈ヨーク〉

後ろヨーク（表）

1

① 前後ヨークを中表に合わせて
両脇を縫う

前ヨーク（裏）

1

② 2枚一緒にロックミシンをかけて縫い代を後ろ側に倒す

〈上スカート〉 ＊下スカートも①②と同様に縫う（袋布はなし）

上後ろスカート（表）

1

上左前スカート
（裏）

袋布（裏）

上右前スカート
（裏）

＊ポケット口を
縫わないように
注意する

1

① 上後ろスカートと上前スカートを中表に合わせて両脇を縫う

② 2枚一緒にロックミシンをかけて縫い代を後ろ側に倒す

③ ポケット口の上下を
カンヌキ止め

0.3

右脇

上後ろスカート
（表）

上右前スカート
（表）

3 上スカート、下スカートの裾と前端をそれぞれ縫う

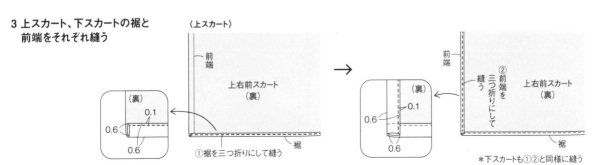

〈上スカート〉

前端

上右前スカート
（裏）

（裏）

0.1

0.6

0.6

① 裾を三つ折りにして縫う

裾

前端

② 前端を三つ折りにして縫う

0.6

0.1

0.6

（裏）

上右前スカート
（裏）

裾

＊下スカートも①②と同様に縫う

61

4 上スカートと下スカートとヨークを縫い合わせる

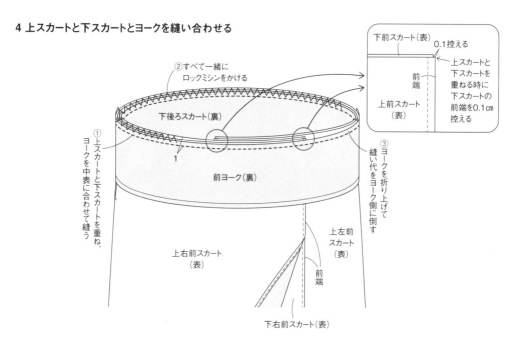

②すべて一緒に
ロックミシンをかける

下後ろスカート(裏)

①上スカートと下スカートを
ヨークを中表に合わせて縫う

1

前ヨーク(裏)

③ヨークを折り上げて
縫い代をヨーク側に倒す

上右前スカート
(表)

前端

上左前スカート
(表)

下右前スカート(表)

下前スカート(表)　0.1控える

前端

上前スカート
(表)

上スカートと
下スカートを
重ねる時に
下スカートの
前端を0.1cm
控える

5 ウエストベルトを作る

前ウエストベルト(裏)　①折る　1.5

折り山(★)

1

②外表に二つ折りにして
折り目をつける

★

前ウエストベルト(表)

＊後ろベルトも同様にする

③前後ウエストベルトを中表に合わせて
左脇に平ゴム通し口を残して縫う。
縫い代を割る

右脇　　縫い代を割る　　前ウエストベルト(表)　　左脇

★

1

後ろウエストベルト(裏)

2.7

平ゴム通し口

1

④左脇にステッチをかける

★

0.1

前　　　　　後ろ

ウエストベルト(表)

6 ウエストベルトをつける

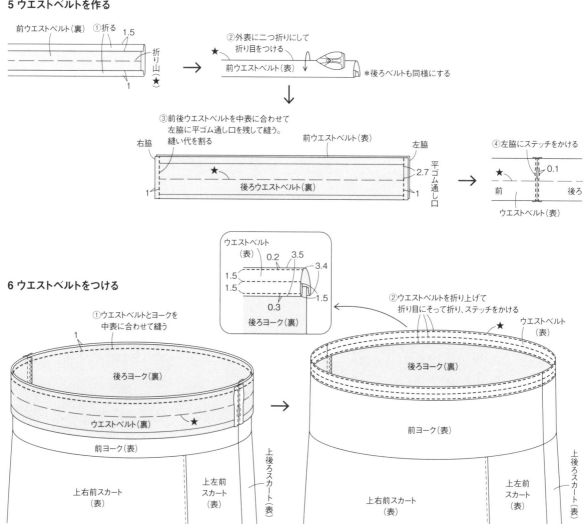

①ウエストベルトとヨークを
中表に合わせて縫う

1

後ろヨーク(裏)

ウエストベルト(裏)　★

前ヨーク(表)

上右前スカート
(表)

上左前
スカート
(表)

上後ろスカート(表)

ウエストベルト
(表)　0.2　3.5

3.4

1.5

1.5

1.5

0.3

後ろヨーク(裏)

②ウエストベルトを折り上げて
折り目にそって折り、ステッチをかける

★　　ウエストベルト
(表)

後ろヨーク(裏)

前ヨーク(表)

上右前スカート
(表)

上左前
スカート
(表)

上後ろスカート(表)

10A 前ボタンオーバーシャツ

PHOTO p.12-15, 19

実物大パターン1〈裏〉

出来上り寸法
バスト … 129cm
着丈 … 75cm
ゆき丈 … 74cm
袖丈 … 42cm

材料
表布：C&S コットンパピエ（ホワイト）
… 105cm幅210cm
接着芯 … 112cm幅30cm
伸止めテープ … 1.5cm幅10cm
ボタン … 直径0.8cmを6個

作り方順序
1 前身頃にポケットを作る
2 前ヨークに前見返しをつける
3 前ヨークと前身頃を縫い合わせる
4 後ろ身頃にタックをとり、後ろヨークと縫い合
わせる … p.67-3参照
　＊縫い代を後ろヨーク側に倒し、表側から0.1cm
ステッチをかける
5 肩を縫う
6 裾を三つ折りにして縫う … p.38-5①参照
　＊裾の仕上りを0.5cm幅の三つ折りにし、裾か
ら0.3cm幅ステッチをかける
7 袖をつける
8 袖下～身頃の脇を縫う
9 衿を作る
10 衿をつける
11 カフスを作り、つける … p.67-10参照
12 左前身頃にボタンホール（横穴）をあけ、左
右前身頃にボタンをつける … p.35 ボタンホ
ールの印つけ参照

裁合せ図

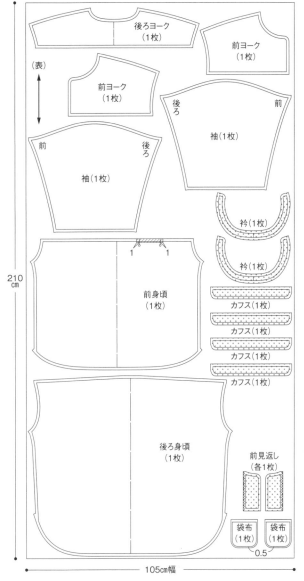

＊指定以外の縫い代は1cm
＊〜〜〜前見返しの1辺にロックミシンをかける
＊前見返し、カフス、衿の裏に接着芯をはる
＊前身頃の指定の位置の裏に伸止めテープをはる

縫い方順序

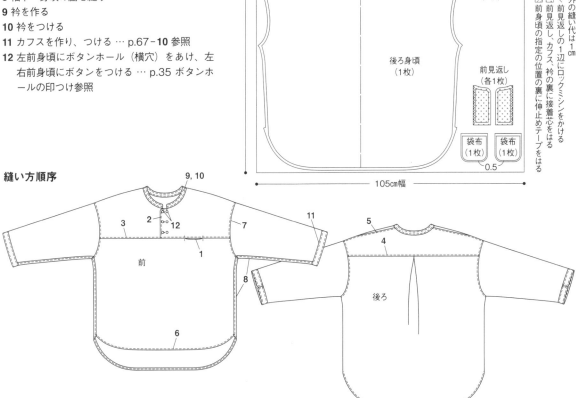

1 前身頃にポケットを作る

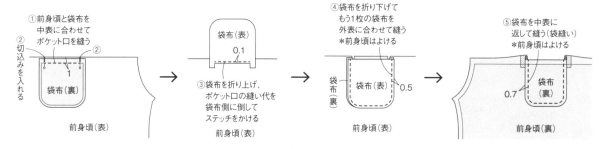

①前身頃と袋布を
中表に合わせて
ポケット口を縫う
②切込みを入れる

袋布（裏）

前身頃（表）

袋布（表）
0.1

③袋布を折り上げ、
ポケット口の縫い代を
袋布側に倒して
ステッチをかける

前身頃（表）

④袋布を折り下げて
もう1枚の袋布を
外表に合わせて縫う
*前身頃はよける

袋布（裏）
袋布（表）
0.5

前身頃（表）

⑤袋布を中表に
返して縫う（袋縫い）
*前身頃はよける

0.7
袋布（裏）

前身頃（裏）

2 前ヨークに前見返しをつける

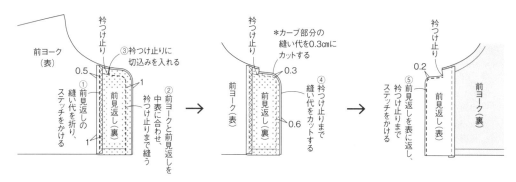

前ヨーク（表）

衿つけ止り

0.5
①前見返しの
縫い代を折り、
ステッチをかける
1

②前ヨークと前見返しを
中表に合わせ、
衿つけ止りまで縫う

③衿つけ止りに
切込みを入れる

前見返し（裏）

衿つけ止り

前ヨーク（表）

*カーブ部分の
縫い代を0.3cmに
カットする
0.3

前見返し（裏）

④衿つけ止りまで
縫い代を
カットする
0.6

衿つけ止り

0.2

前見返し（表）

⑤前見返しを表に返し、
衿つけ止りまで
ステッチをかける

前ヨーク（裏）

3 前ヨークと前身頃を縫い合わせる

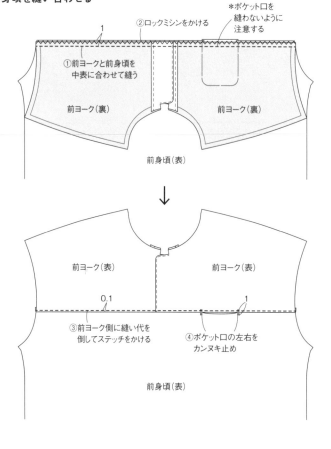

1
②ロックミシンをかける
*ポケット口を
縫わないように
注意する

①前ヨークと前身頃を
中表に合わせて縫う

前ヨーク（裏）
前ヨーク（裏）

前身頃（表）

↓

前ヨーク（表）
前ヨーク（表）

0.1
③前ヨーク側に縫い代を
倒してステッチをかける

1
④ポケット口の左右を
カンヌキ止め

前身頃（表）

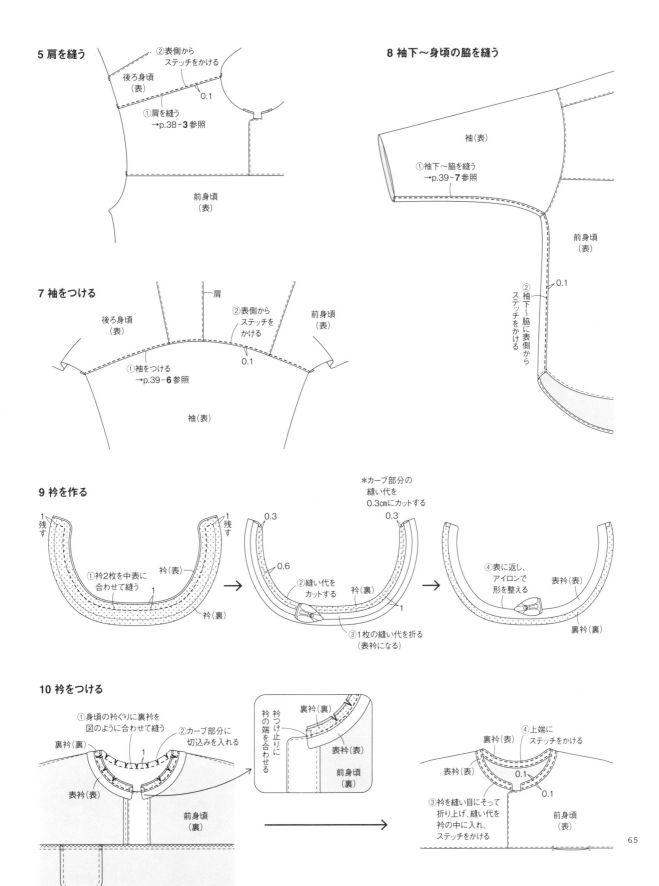

5 肩を縫う

②表側から
ステッチをかける

後ろ身頃
（表）

0.1

①肩を縫う
→p.38-**3**参照

前身頃
（表）

8 袖下～身頃の脇を縫う

袖（表）

①袖下～脇を縫う
→p.39-**7**参照

前身頃
（表）

②袖下～脇に表側から
ステッチをかける

0.1

7 袖をつける

後ろ身頃
（表）

肩

②表側から
ステッチを
かける

前身頃
（表）

0.1

①袖をつける
→p.39-**6**参照

袖（表）

9 衿を作る

1
残す

1
残す

①衿2枚を中表に
合わせて縫う

衿（表）

衿（裏）

1

0.3

0.6

②縫い代を
カットする

衿（裏）

1

③1枚の縫い代を折る
（表衿になる）

＊カーブ部分の
縫い代を
0.3cmにカットする

0.3

④表に返し、
アイロンで
形を整える

表衿（表）

裏衿（裏）

10 衿をつける

①身頃の衿ぐりに裏衿を
図のように合わせて縫う

②カーブ部分に
切込みを入れる

裏衿（裏）

表衿（表）

1

前身頃
（裏）

裏衿（裏）

衿つけ止りに
衿の端を
合わせる

表衿（表）

前身頃
（裏）

④上端に
ステッチをかける

裏衿（裏）

裏衿（表）

表衿（表）

0.1

0.1

③衿を縫い目にそって
折り上げ、縫い代を
衿の中に入れ、
ステッチをかける

前身頃
（表）

65

10B 前ボタンワンピース

PHOTO p.16-17, 26-27, 29

実物大パターン1〈裏〉

出来上り寸法

バスト … 129cm
着丈 … 107cm
ゆき丈 … 74cm
袖丈 … 42cm

材料

表布：C&S コットンシルク リンクル（ブラック）
　… 110cm幅290cm
接着芯 … 92cm幅110cm
伸止めテープ … 1.5cm幅40cm
ボタン … 直径0.9cmを22個

作り方順序

1 両脇にポケットを作る … p.61-**1** 参照
2 前身頃に前見返しをつけ、縫い代の始末をする
3 後ろ身頃にタックをとり、後ろヨークと縫い合
　わせる
4 肩を縫う … p.38-**3** 参照
5 袖をつける … p.39-**6** 参照
6 袖下〜身頃の脇を縫う … p.46-**6** 参照
7 裾を三つ折りにして縫う … p.46-**9** 参照
　＊裾の仕上りを0.6cm幅の三つ折りにし、裾か
　ら0.5cm幅ステッチをかける
8 衿を作る … p.65-**9** 参照
9 衿をつける … p.65-**10** 参照
10 カフスを作り、つける
11 右前身頃にボタンホール（横穴）をあけ、左
　右前身頃にボタンをつける … p.35 ボタンホ
　ールの印つけ参照

裁合せ図

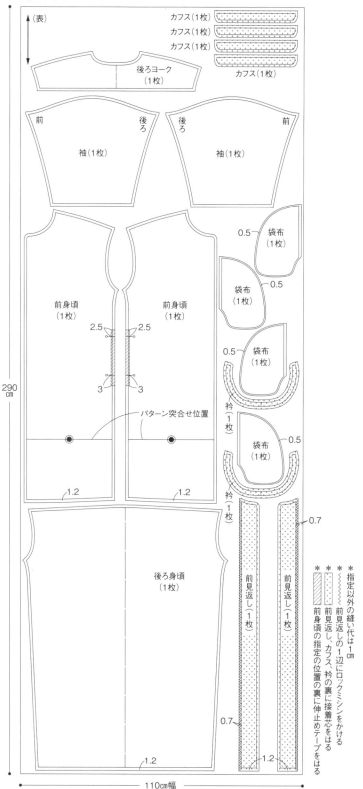

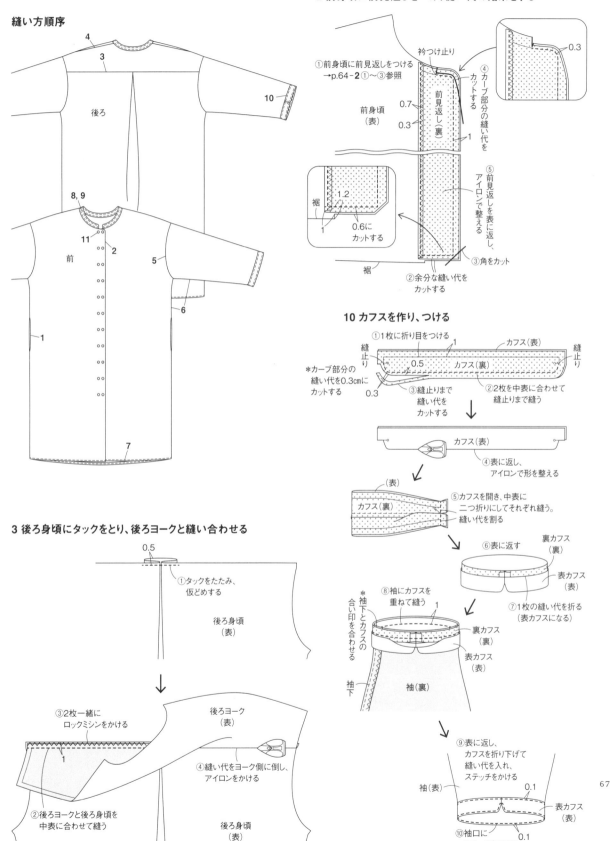

縫い方順序

後ろ

前

2 前身頃に前見返しをつけ、縫い代の始末をする

①前身頃に前見返しをつける
→p.64-2 ①～③参照

衿つけ止り

前身頃（表）

前見返し（裏）

0.7
0.3
1

カーブ部分の縫い代をカットする

0.3

⑤前見返しを表に返し、アイロンで整える

③角をカット

②余分な縫い代をカットする

裾
1.2
1
0.6にカットする

裾

10 カフスを作り、つける

①1枚に折り目をつける

縫止り

カフス（表）

縫止り

1
0.5
カフス（裏）

0.3

③縫止りまで縫い代をカットする

②2枚を中表に合わせて縫止りまで縫う

*カーブ部分の縫い代を0.3cmにカットする

カフス（表）

④表に返し、アイロンで形を整える

（表）

カフス（裏）

⑤カフスを開き、中表に二つ折りにしてそれぞれ縫う。縫い代を割る

⑥表に返す

裏カフス（裏）

表カフス（表）

⑦1枚の縫い代を折る（表カフスになる）

3 後ろ身頃にタックをとり、後ろヨークと縫い合わせる

0.5

①タックをたたみ、仮どめする

後ろ身頃（表）

③2枚一緒にロックミシンをかける

1

後ろヨーク（表）

④縫い代をヨーク側に倒し、アイロンをかける

②後ろヨークと後ろ身頃を中表に合わせて縫う

後ろ身頃（表）

*袖下とカフスの合い印を合わせる

⑧袖にカフスを重ねて縫う

1

裏カフス（裏）

表カフス（表）

袖下

袖（裏）

⑨表に返し、カフスを折り下げて縫い代を入れ、ステッチをかける

0.1

袖（表）

表カフス（表）

0.1

⑩袖口にステッチをかける

12A・12B 帽子　PHOTO 12A／p.13　12B／p.25

出来上り寸法
フリーサイズ
（頭回り60cm）

材料
〈 12A 〉
表布：C&Sフレンチコーデュロイ（ヴァニーユ）
　… 105cm幅50cm
接着芯 … 92cm幅10cm

〈 12B 〉
表布：C&Sボーイフレンドチノクロス
　（シナモン）… 110cm幅50cm
接着芯 … 92cm幅10cm

作り方順序
＊〈12A〉、〈12B〉の作り方は共通
1 ブリムを作る
2 トップクラウンを作る
3 サイドクラウンを作る
4 トップクラウンとサイドクラウンを縫い合わせる
5 表クラウンと裏クラウンを縫い合わせる

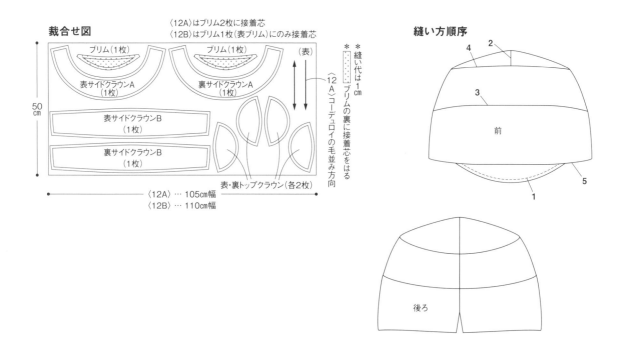

裁合せ図

〈12A〉はブリム2枚に接着芯
〈12B〉はブリム1枚（表ブリム）にのみ接着芯

ブリム（1枚）
表サイドクラウンA（1枚）
表サイドクラウンB（1枚）
裏サイドクラウンB（1枚）

ブリム（1枚）
裏サイドクラウンA（1枚）

50cm

＊縫い代は1cm
＊ブリムの裏に接着芯をはる
（表）

表・裏トップクラウン（各2枚）

〈12A〉コーデュロイの毛並み方向

〈12A〉… 105cm幅
〈12B〉… 110cm幅

縫い方順序

前
後ろ

1 ブリムを作る

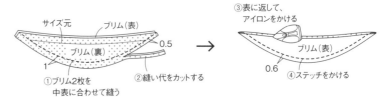

サイズ元　ブリム（表）
ブリム（裏）
0.5
1
①ブリム2枚を中表に合わせて縫う
②縫い代をカットする
③表に返して、アイロンをかける
ブリム（表）
0.6
④ステッチをかける

2 トップクラウンを作る

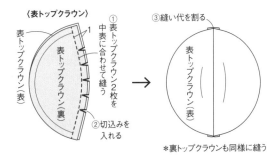

〈表トップクラウン〉

表トップクラウン（表）

①表トップクラウン2枚を中表に合わせて縫う

表トップクラウン（裏）

1

②切込みを入れる

③縫い代を割る

表トップクラウン（表）

＊裏トップクラウンも同様に縫う

3 サイドクラウンを作る

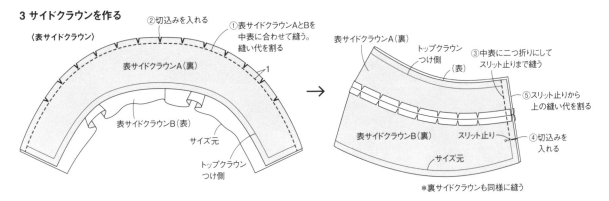

〈表サイドクラウン〉

②切込みを入れる

①表サイドクラウンAとBを中表に合わせて縫う。縫い代を割る

表サイドクラウンA（裏）

表サイドクラウンB（表）

サイズ元

1

トップクラウンつけ側

表サイドクラウンA（裏）

トップクラウンつけ側（表）

③中表に二つ折りにしてスリット止りまで縫う

⑤スリット止りから上の縫い代を割る

表サイドクラウンB（裏）

スリット止り

④切込みを入れる

サイズ元

＊裏サイドクラウンも同様に縫う

4 トップクラウンとサイドクラウンを縫い合わせる

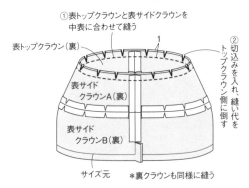

①表トップクラウンと表サイドクラウンを中表に合わせて縫う

表トップクラウン（裏）

1

②切込みを入れ、縫い代をトップクラウン側に倒す

表サイドクラウンA（裏）

表サイドクラウンB（裏）

サイズ元

＊裏クラウンも同様に縫う

5 表クラウンと裏クラウンを縫い合わせる

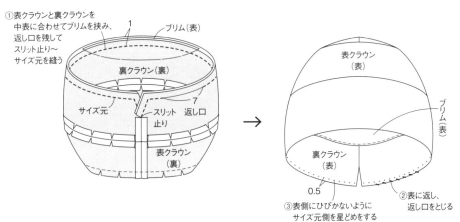

①表クラウンと裏クラウンを中表に合わせてブリムを挟み、返し口を残してスリット止り〜サイズ元を縫う

1

ブリム（表）

裏クラウン（裏）

サイズ元

スリット止り

7 返し口

表クラウン（裏）

表クラウン（表）

ブリム（表）

裏クラウン（表）

0.5

③表側にひびかないようにサイズ元側を星どめをする

②表に返し、返し口をとじる

13A・13B ショルダーバッグ

PHOTO **13A**／p.23　**13B**／p.27

出来上り寸法
縦47.5、横31、幅15cm

材料
〈13A〉
表布：C&Sコットンパピエ（ブラック）
　　… 105cm幅125cm

〈13B〉
表布：C&Sコットンパピエギンガムチェック
　　（グリーン）… 105cm幅125cm

作り方順序
＊〈13A〉、〈13B〉の作り方は共通
1　肩ひもを作る
2　本体の脇を袋縫いする
3　まちを縫う
4　口側を三つ折りにして縫う
5　肩ひもをつける

裁合せ図

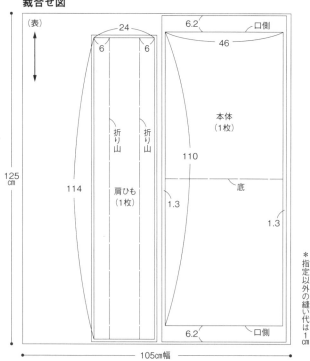

縫い方順序

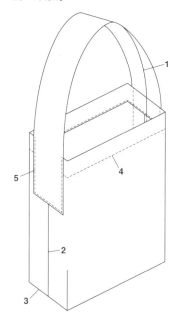

1 肩ひもを作る

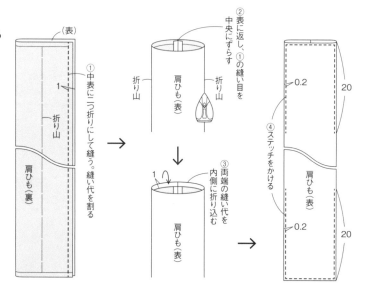